Transkulturelles Lernen

Nadjib I. Sadikou

Transkulturelles Lernen

Literarisch-pädagogische Ansätze

PETER LANG
EDITION

Bibliografische Information der Deutschen Nationalbibliothek
Die Deutsche Nationalbibliothek verzeichnet diese Publikation
in der Deutschen Nationalbibliografie; detaillierte bibliografische
Daten sind im Internet über http://dnb.d-nb.de abrufbar.

ISBN 978-3-631-65676-1 (Print)
E-ISBN 978-3-653-04993-0 (E-Book)
DOI 10.3726/978-3-653-04993-0

© Peter Lang GmbH
Internationaler Verlag der Wissenschaften
Frankfurt am Main 2014
Alle Rechte vorbehalten.
Peter Lang Edition ist ein Imprint der Peter Lang GmbH.

Peter Lang – Frankfurt am Main · Bern · Bruxelles · New York ·
Oxford · Warszawa · Wien

Diese Publikation wurde begutachtet.

www.peterlang.com

Meiner Frau Nafissatou Adjadi
Meinen drei Kindern Naimatou, Nailatou und Nadir
Dem Andenken meiner Mutter

Inhalt

VIII

Danksagung

Das vorliegende Buch hätte nicht geschrieben werden können ohne motivierende Impulse und konstruktive Kritikpunkte von außen. Ein besonderer Dank gilt zunächst Prof. Dr. Jürgen Wertheimer, Prof. Dr. Heinz-Dieter Assmann und Prof. Dr. Frank Baasner, den drei Koordinatoren des Tübinger Kooperations- und Forschungsprojekts „Wertewelten", im Rahmen dessen ich als wissenschaftlicher Angestellter zahlreiche Anregungen erhielt. Ihnen drei verdanke ich viel, ohne dass ich dies hier gebührend zum Ausdruck bringen kann. Prof. Dr. Karin Amos danke ich für die Organisation einer „Vortragsgruppe" über *Erziehung zur Grenze – Grenze der Erziehung – Entgrenzte Erziehung* während des 8. internationalen Wertewelten-Forums (11.–14. Juni 2013). Bei der Überarbeitung meines dortigen Referates[1] stieß ich auf einige Überlegungen, die im Buch dargestellt sind.

Zu Dank verpflichtet bin ich Herrn Privatdozenten Dr. Philipp Thomas sowie Regina Keller für die Einladungen im Rahmen der vom Zentrum für Lehrerausbildung der Universität Tübingen organisierten Vorlesungsreihe *Modul Personale Kompetenz*. In Erinnerung bleiben mir die Diskussionen und wertvollen Kommentare vor und nach meinen Vorträgen über *Interkulturelle Kompetenzen: Wie kann eine Lehrkraft interkulturell kompetent sein?*. Prof. Dr. Stephan Buchloh, dem Leiter der Abteilung Kultur- und Medienbildung an der Pädagogischen Hochschule Ludwigsburg danke ich dafür, dass er mich am 23. November 2011 einlud, einen Vortrag über *kulturelle Bildung in Westafrika* im Rahmen seines Seminars *Kultur, Medien, Bildung: Bildungstheoretische Grundlagen* zu halten. Bedanken möchte ich mich bei dem Verein Süddialog e.V. für die Einladungen im Rahmen der Württemberger Gespräche in Tübingen, Böblingen sowie an der pädagogischen Hochschule Schwäbisch Gmünd. Dr. Djiby Diouf und seiner Frau Birgit Kaiser-Diouf aus Münster danke ich für ihre Gastfreundschaft, die mir die erste und wichtige Durchsicht des Manuskripts erleichterte. Besonders großer Dank gebührt Andrée Gerland, der das Manuskript kritisch durchgesehen und mit großer Sorgfalt lektoriert hat.

---

1 Sadikou, Nadjib: *Grenzziehung oder Grenzüberwindung. Aspekte transkulturellen Lernens in der Gegenwart.* In: Grenzen. Hrsg. von Assmann, Heinz-Dieter/ Baasner, Frank / Wertheimer, Jürgen. Baden-Baden: Nomos 2014, S. 219–231.

Der innigste Dank gebührt schließlich meiner Frau, die das Buchprojekt aus dem Geist einer Medizinerin begleitet hat und mir immer wieder neue Kraft und Hoffnung schenkt.

Tübingen, im Juli 2014   Nadjib I. Sadikou

Einleitung – Worum es geht

Kaum jemand wird ernsthaft in Frage stellen, dass unsere gegenwärtige Gesellschaft eine Schaubühne von diversen Lebensentwürfen und Wertewelten ist. Im Zuge von Migrationsdynamiken, von globalisierten Finanz- und Warenmärkten und nicht zuletzt von transnationalen Informationsflüssen bzw. Medienstrukturen des 21. Jahrhunderts erleben wir einerseits ein rasantes Ineinanderfließen verschiedener kultureller Zugriffsmodi, eine zusehends geballte Grenzen-Verwischung zwischen dem ‚Eigenen‘ und dem ‚Fremden‘. Andererseits erschüttern und erzürnen uns grausame Bilder von Geiselnahmen, von Terrorakten fundamentalistischer und extremistischer Gruppierungen bzw. ‚Gotteskrieger‘, denen die Vielfalt von Kulturen und Religionen ein Dorn im Auge ist. Die meisten solcher Gruppierungen, wie z. B. die Boko Haram in Nigeria, die Terrormiliz ISIS (Islamischer Staat im Irak und im Syrien) oder die somalische Aš-šabāb-Bewegung, streben nach klaren Verhältnissen, vor allem nach der Etablierung einer Ordnung, die oftmals von der Verabsolutierung einer Ideologie, einer vermeintlichen Identität (religiös, ethnisch, kulturell) geprägt ist. Sie eifern danach, wie der polnisch-britische Soziologe Zygmunt Baumann zeigte, „die Welt in ein Gitter sauberer Kategorien und klar umrissene Einteilungen zu sperren.“[2] Diese Sperrung führt zu einem schablonenhaften Weltverständnis und missachtet dabei jene Dynamik, mit der sich das vorliegende Buch beschäftigt: die der Transkulturalität.

In der Forschungslandschaft wurden bereits Konzepte von Transkulturalität, Interreligiosität, von kulturtheoretischen Paradigmen der Kreolisierung, Hybridisierung oder auch der Ähnlichkeit programmatisch gefasst. Allen diesen Ansätzen ist es, mit unterschiedlicher Gewichtung und Akzentsetzung, daran gelegen, Möglichkeiten des Zusammenlebens in Frieden und Differenz zu erfassen bzw. eine ‚Fluidität‘ des Miteinanderseins herauszuarbeiten. Eine Fluidität, die nicht ein *Anything goes* propagiert, sondern stets kontextbezogene kulturelle Zugänge und Übergänge.

---

2 Baumann, Zygmunt: *Unbehagen in der Postmoderne.* Aus dem Englischen von Wiebke Schmaltz. Hamburg: Hamburger Edition 1999, S. 295.

Das vorliegende Buch nimmt diesen gegenwärtig stark diskutierten kulturellen Cross-Over in den Fokus. Es reiht sich im Diskurs über Transkulturalität ein, wobei ein zentraler Aspekt darin liegt, die kunstvolle Inszenierung transkultureller Zusammenhänge in literarischen Texten zu analysieren und ihr pädagogisches Potential zu beleuchten. Pädagogisches Potential, weil transkulturelles Lernen, insbesondere mit Blick auf Diskussionen über Diversität, Inklusion und Pluralität, eine Herausforderung für unser heutiges Zusammenleben darstellt. Genau hier spielen literarische Werke, insbesondere Romane, eine entscheidende Rolle, insofern als sie uns *Denkmöglichkeiten* zur Hand geben. Inklusion und Exklusion, Ideologien der Reinheit sowie sprachliche Formierung von Diversität und Pluralität werden in der Literatur aufs Genaueste durchgespielt. Aufgrund dessen lässt sich Literatur als ein Kraftwerk komplexer Weltwirklichkeiten bezeichnen. Literarische Texte sind Vehikel welthaltiger Themen und Motive, die uns ermöglichen, ideologische, politische, kulturelle sowie religiöse Grenzen zu überschreiten.

Die vorliegende Schrift gründet auf einigen wissenschaftlichen Vorträgen, die ich vorwiegend von November 2011 bis Januar 2014 zum Fragenkomplex der Transkulturalität hielt. Das erste Kapitel nimmt, in Anlehnung an drei kulturwissenschaftliche Ansätze, zunächst den Kulturbegriff in den Fokus und positioniert sich zu ihm. Nach diesem Einstieg werden einige theoretische Überlegungen zum transkulturellen Lernen vergegenwärtigt, die für die Argumentationen im Buch von Bedeutung sind. Weil es um transkulturelles Lernen geht, werden am Ende dieses ersten Kapitels eigene Vorschläge über den *Integration*sbegriff näher erläutert. Dabei geht es keineswegs darum, die Integrationsbringschuld auf die Seite einer Mehrheit oder Minderheit unserer Gesellschaft zu schieben. Denn eines ist klar: Die Herausforderung der Integration darf nicht allein von einer Mehrheit angenommen werden. Auch die Minderheit – oder „Menschen mit Migrationsbiographie", wie es stets heißt – müssen ihre Bringschuld begleichen. Ohne diese beidseitige Wahrnehmung des Integrationsbegriffes wird er zu einer Leerformel.

Im zweiten Kapitel wird der Akzent auf eine zentrale Frage gelegt, welche im Diskurs über transkulturelles Lernen eine besondere Rolle spielt, nämlich die der *Werte*. Fragen wie „Nach welchen Werten leben wir?" oder „Welche Werte sind uns wichtig?" können sowohl unterschiedliche als auch ähnliche Vorstellungen und Prioritäten zu Tage fördern. Wie und von wem können Werte überhaupt definiert werden? Wie wird z. B. „Freiheit" oder „Demokratie" in türkischen, deutschen, französischen, west-, zentral- und nordafrikanischen, oder chinesischen, koreanischen Gesellschaften begriffen? Werden diese Begriffe überhaupt ohne weiteres akzeptiert? Allein ein Versuch zur Beantwortung dieser Fragen, wie wir es später sehen werden, zeigt, wie komplex der Wertebegriff in der Konstruktion von Weltvorstellung ist und somit für einen Diskurs über transkulturelles Lernen hilfreich sein kann. Dabei werde ich sowohl auf die *Überlappung* sowie die *Konflikthaftigkeit* von Werten eingehen. Eine Verkennung dieser zwei Grunddispositionen von Werten kann zu einer *Krise der Wahrnehmung* führen, wie mit dem im Herbst 2012 viel medialisierten Filmtrailer „Innocence of Muslims" analysiert sein wird.

Der Fokus des dritten Kapitels richtet sich auf Literatur als Experimentierfeld transkulturellen und transreligiösen Lernens. Denn Literatur spiegelt die tiefenstrukturelle Wechselseitigkeit von Kulturen, Religionen und Werten auf einer so eindrucksvollen Weise durch, das jeder Leser und jede Leserin Erfahrungen und Denkmöglichkeiten daraus schöpfen kann. Selbstverständlich ließen sich zahlreiche Texte als Exempel nehmen. Dennoch habe ich mich aus Platzmangel für sechs Texte aus der deutschen und afrikanischen Literatur entschieden. In jedem dieser Texte handelt es sich um existentielle Fragen der transkulturellen, transreligiösen sowie transnationalen Weltvorstellung und -Herstellung. Die Protagonisten dieser Texte leben auf der Grenze zwischen unterschiedlichen Kulturen und Religionen.

Im Anschluss an dieser literarischen Inszenierungen der Transkulturalität wird im vierten Kapitel ausgelotet, wie das Begriffspaar „transkulturelle Kompetenz" in Schule und Gesellschaft mehr verankert werden kann. Ich werde hier zwei Begriffsbestimmungen erläutern, die ich mit (Lehramt-)Studierenden an der Universität Tübingen diskutierte. Einige Vorschläge für transkulturelle Stimmung dienen zur Abrundung dieses Kapitels.

Im letzten Kapitel des Buchs befasse ich mich mit dem afrikanischen Kontinent, weil ich aus zahlreichen Medienberichten den Eindruck gewann, dass eine Verzerrung bzw. Amalgamierung afrikanischer Weltvorstellung dominiert. Aufgrund dessen plädiere ich hier für eine Differenzierung zwischen dem „wesentlichen" und dem „anderen" Afrikas.

Das vorliegende Buch ist nicht nur für Fachleute konzipiert. Ich habe versucht, jedes Kapitel sprachlich wie strukturell so zu gestalten, das auch jeder nichtfachliche interessierte Leser aufschlussreiche Hinweise erhalten kann. Die hier vorgestellten fünf Kapitel sind nicht voneinander losgelöst, denn ich weise an mehreren Stellen auf einige Erkenntnisse aus einem anderen Kapitel hin, um einen gewissen – und notwendigen – Zusammenhang herzustellen. Jedoch kann der Leser einzelne Kapitel auswählen, um seine Reflektionen auf den transkulturellen Diskurs neu zu justieren.

Kapitel I: Reflexionen zu transkulturellem Lernen

„Heute versmischt sich alles, die Grenzen verschieben, die Kategorien verwirren sich. Die Unterschiede verlieren ihre scharfen Abgrenzungen; sie werden geringer, sind fast aufgehoben, sind verfügbar für die Bildung neuer Konfigurationen, beweglich, kombinierbar, manipulierbar."[3] (Balandier, Georges)

1. Kulturkonzept: Konzepte und Konklusionen

„Kultur in der Krise", so lautet die Überschrift des zweiten Kapitels des Buches „Was ist Kultur?" (orig. „The idea of culture") von Terry Eagleton aus dem Jahr 2001.[4] Darin macht er zunächst ein *Tour d'horizon* auf einige „Versionen der Kultur" und stellt fest, dass es gefährlich ist zu behaupten, die Idee der Kultur sei heute in einer Krise „[...] denn wann war sie das nicht? Kultur und Krise gehen Hand in Hand wie Laurel und Hardy."[5] Eagleton beleuchtet die Krisenhaftigkeit bzw. Konflikthaftigkeit der Kultur selbst und fügt folgende Vergegenwärtigung hinzu:

> Traditionellerweise war Kultur eine Möglichkeit, unsere kleinlichen Partikularismen in einem geräumigen, umfassenden Medium zu versenken. Als Form eines universalen Subjekts bezeichnete sie diejenigen Werte, die wir einfach vermöge unserer gemeinsamen Humanität teilten. Wenn Kultur als Kunst wichtig war, dann darum, weil sie diese Werte in einer bequem nach Hause zu tragenden Form destillierte. Lesend oder sehend oder hörend setzten wir zeitweise unser empirisches Selbst mit allen seinen sozialen, sexuellen und ethnischen Kontingenzen aus und wurden damit selbst allgemeines Subjekt.[6]

Demnach wäre Kultur als eine Transzendierung von Partikularismen und somit als ein umfassendes Medium zu erfassen, das jegliches Ab- und Ausgrenzungsdenken unterlaufen soll. Um uns darauf aufmerksam zu machen, stellt Eagleton

---

3   Balandier, Georges: *Le Dédale. Pour en finir avec le XX ème siècle*. Paris: Fayard 1994, S. 20.
4   Eagleton, Terry; *Was ist Kultur? Eine Einführung*. Aus dem Englischen von Holger Fliessbach. München: Beck 2001, S. 48.
5   Ebd. S. 55.
6   Ebd. S. 56.

die These auf, „dass wir im Augenblick zwischen einem entmutigend weiten und einem quälend engen Kulturbegriff gefangen sind und es unser vordringlichstes Ziel auf diesem Gebiet sein muss, über beide hinauszugelangen."[7] Mit dieser These deutet Eagleton auf die Komplexität, ja das Unbehagen einer adäquaten Wahrnehmung des Kulturbegriffs hin.

Der US-amerikanische Ethnologe und Kulturanthropologe Clifford Geertz, der eigentlich Edward Saids Kritik am Eurozentrismus aufgreift, entwickelt eine Definition von Kultur, die hier nützlich erscheint:

> Der Kulturbegriff, den ich vertrete [...], ist wesentlich ein semiotischer. Ich meine mit Max Weber, dass der Mensch ein Wesen ist, das in selbstgesponnene Bedeutungsgewebe verstrickt ist, wobei ich Kultur als dieses Gewebe ansehe. Ihre Untersuchung ist daher keine experimentelle Wissenschaft, die nach Gesetzen sucht, sondern eine interpretierende, die nach Bedeutungen sucht. Mir geht es um Erläuterungen, um das Deuten gesellschaftlicher Ausdrucksformen, die zunächst rätselhaft scheinen.[8]

Mit dieser Begriffsklärung wendet sich Geertz von einem territorialen, holistischen Kulturbegriff ab und fokussiert nun die Bedeutungsebene. Kultur ist ihm zufolge kein System von festgefahrenen, rigiden Gesetzen, Normen und Standards, sondern ein System, dessen existenzieller Modus darin liegt, mehr Rücksicht auf das Repertoire von Bedeutungskonstitutionen zu nehmen. Bereits der Fokus auf die Bedeutungsebene macht die Kultursemantik hier reizvoll und stipulierend. Denn nahezu alle kulturellen Symbole unterliegen verschiedenen Bedeutungen je nach individueller oder kollektiver Auffassung, je nach Region und Religion. Das metaphorische Bild, nämlich Kultur als „Bedeutungsgewebe", impliziert eine Kultur-Wahrnehmung, welche sich ständig in Herstellung und Wandlung befindet und jederzeit umdeutbar ist.

In ähnlicher Weise hebt der Literatur- und Kulturwissenschaftler Tzvetan Todorov zwei Merkmale von Kulturen hervor: Ihre *Vielfalt* und ihre *Wandlungsfähigkeit*.[9] Die Vielfalt der Kulturen ließe sich dadurch begründen, dass die Weltgesellschaft gegenwärtig so vielschichtig wie nie zuvor geworden ist. Was die Wandlungsfähigkeit der Kulturen anbelangt, so entstünde sie durch Überlappung und Addition und stelle somit kein geschlossenes System dar. Todorov

---

7 Ebd., S. 48.
8 Geertz, Clifford: *Dichte Beschreibung. Beiträge zum Verstehen kultureller Systeme.* Frankfurt a. M.: Suhrkamp 1983. S. 9.
9 Vgl. Todorov, Tzvetan: *Die Angst vor den Barbaren. Kulturelle Vielfalt versus Kampf der Kulturen* (orig. *La peur des barbares*) Hamburg: Hamburger Edition 2010, S. 79f. Siehe auch Deines, Stefan [u.a.] (Hrsg.): *Formen kulturellen Wandels.* Bielefeld: Transcript 2012.

veranschaulicht dies durch das Bild des Schiffes der Argonauten aus der griechischen Mythologie, das den Namen Argo trug. Die Reise dauerte so lange, dass jede Planke, jedes Seil, jeder Nagel ersetzt werden musste. Das Schiff, das Jahre später im Hafen ankommt, hat völlig andere materielle Bestandteile als das, welches den Hafen verlassen hat, und dennoch handelt es sich immer noch um dasselbe Schiff Argo. Seine Funktion zählt mehr als seine materielle Beschaffenheit, derselbe Name mehr als das Verschwinden fast aller ursprünglichen Elemente.[10]

In Anlehnung an diese drei Überlegungen (von Eagleton, Geertz und Todorov) begreife ich *Kultur* weder als abgeschlossene Entität, noch als Forum der *Ein*-Deutigkeit, sondern als *eine Schaubühne von Vermischungen und Übergängen, von Ambiguität und Unbestimmtheiten, die man pflegen und hegen muss*, wie das ursprüngliche lateinische Wort ‚Colere' es deutlich macht. Ich spreche von *Vermischungen und Übergängen*, weil die Globalisierung es nicht einzig bei ökonomischen und technologischen Elementen belässt. Kulturelle Eigenschaften fließen heutzutage mehr denn je ineinander, sie kreuzen sich in Flugzeugen, in Hotels und Bahnhöfen wie nie zuvor. Ich verwende hier die Wörter *mehr denn je* bzw. *wie nie zuvor*, weil Kulturen – wie Wolfgang Welsch zu Beginn der 1990er-Jahre mit dem Transkulturalitätskonzept propagierte[11] – nie wie Inseln getrennt zueinander standen, sondern sich stets belebten und einander konkurrierten. Veränderung, Bewegung, Überlappung ist konsequenterweise dem Kulturellen und den Kulturen inhärent. Kulturen sind dynamisch, nicht statisch, sie sind wandelbar, umdeutbar. Sie unterliegen keiner unbiegsamen Rigidität und keinem unveränderlichen Status quo. Mit *Ambiguität und Unbestimmtheiten* meine ich – wie Geertz – eine der Herausforderungen der Kultur, nämlich die Tatsache, dass kulturelle Zeichen sehr selten oder nie mit einer einzig gültigen Definition bestimmbar sind. Betrachten wir hierzu folgendes Beispiel:

Ein *Victory-Zeichen* ist, spätestens seit 1941, mit der epochalen Sieges-Geste des belgischen Ökonomen und ehemaligen Justizministers Victor de Laveleye gegen die Naziherrschaft, in europäischen Ländern wie Belgien, Deutschland, Frankreich ein Indikator für einen Sieg. Das V-Zeichen lässt sich jedoch nicht eindeutig definieren. Ein markantes Beispiel ist hier die vielfachen Interpretationen von Joseph Ackermanns V-Zeichen zu Beginn einer Gerichtsverhandlung am 21. Januar 2004. Die Frankfurter Allgemeine nahm den Abschied von

---

10 Ebd., S. 79f.
11 Vgl. Welsch, Wolfgang: *Transkulturalität – Lebensformen nach der Auflösung der Kulturen*. In: Information Philosophie, Heft 21992, S. 5–20; Ders.: *Transkulturalität. Zwischen Globalisierung und Partikularisierung*. In: Jahrbuch Deutsch als Fremdsprache 26. München: Iudicum 2000, S. 327–351.

Ackermann zum Anlass und widmete dem V-Zeichen in einer Ausgabe vom 27. Oktober 2006 eine Besprechung: Während die einen Ackermanns Geste als eine Verhöhnung für das Gericht sahen, interpretieren die anderen sie als ein Symbol der „Stillosigkeit, Zynismus und Raffgier." In vielen Medien wurde das Zeichen als eine „Arroganz der Macht" bewertet.[12]

Aus dem Gesagten dürfte klar geworden sein, dass die vorliegende Studie Kulturen unter progressivem und prozeßhaftem Blick zu vermitteln versucht. Dabei sind Synergieeffekte sowie Ähnlichkeiten, Überschneidungen und Wechselwirkungen, Zusammenhänge und Übergänge unabdingbare Vorstellungskriterien für ein zeitangemessenes Kulturverständnis und somit für ein erfolgsversprechendes transkulturelles Lernen.

2. Transkulturelles Lernen: Theoretische Überlegungen

In seinem kulturtheoretischen Buch *Wie man Fanatiker kuriert* liefert uns der israelische Autor Amos Oz einen Ansatz, der für den Fragenkomplex des transkulturellen Lernens ein Hilfsmittel sein kann. Der Kern seiner These lässt sich in folgenden Sätzen zusammenfassen: „Die Fähigkeit, in Situationen zu existieren, die einen ungewissen Ausgang haben, ja, diese selbst zu genießen und zu lernen die Vielfalt zu genießen, kann [...] hilfreich sein. Ich predige keinen totalen moralischen Relativismus, sicher nicht. Ich versuche die Notwendigkeit hervorzuheben, sich in andere Menschen hineinzuversetzen."[13] Oz zufolge tun wir in der Moderne nicht gut daran, scharfe Trenn- und Grenzlinien zu suchen, um im Namen einer – fraglichen – *Identität* Gewissheit zu sichern. Er plädiert dafür, in manchen Situationen mit dem Unscharfen, Unbestimmten zu leben, und so die Vielfalt zu genießen. Dieser erste Punkt des „Vielfalt-genießens" impliziert einen zweiten notwendigen Punkt, der darin bestünde, „sich in andere Menschen hineinzuversetzen." Dies soll nicht bedeuten, dass man auf seine eigenen Bräuchen und Traditionen gänzlich verzichtet, nicht, dass man seine Werte über Bord wirft. Es bedeutet aber auch keine patriarchalisch anmutende Haltung gegenüber dem Anderen, also kein Absolutheitsanspruch in religiöser oder kultureller Perspektive. Das „Sich-Hineinversetzen" bedeutet im Grunde eine Haltung des Gebens und Nehmens, des Gewinnens und Verlierens, eine Offenheit, ein Einfühlungsvermögen.

---

12 Von Altenbockum, Jasper: *Das Victory-Zeichen – Karriere einer Ablichtung.* http:// www.faz.net/aktuell/politik/harte-bretter/zum-abschied-von-josef-ackermann-das-victory-zeichen-karriere-einer-ablichtung-1383297.html (30.05.2014)

13 Oz, Amos: *Wie man Fanatiker kuriert.* Frankfurt a. M.: Suhrkamp 2004, S. 56.

Wie wir später anhand literarischer Texte sehen werden, kommt dieser Haltung eine zentrale Rolle in der zwischenmenschlichen Beziehung zu. Denn eines scheint klar zu sein: Wenn man es ablehnt, seine eigenen kulturellen Gepflogenheiten zu gegebenen Zeiten zu überdenken, wird ein auf Augenhöhe gerichteter Dia- bzw. Polylog kaum funktionieren. Der seinerzeit in der Bundesrepublik Deutschland viel gelobte Multikulti-Ansatz wäre nicht für gescheitert, für tot erklärt,[14] wenn den Aspekten der respektvollen Gegenseitigkeit so wie der Empathie gebührende Rechnung getragen wäre.[15] Eine Bagatellisierung solcher Kompetenzen in der Gesellschaft leitet die fatale Geburt der Zementierung von Demarkationslinien ein, die dann zu Abwehrmechanismen, zu Ab- und Ausgrenzungsgefühlen und schlimmstenfalls zum Fanatismus und Terrorismus führen können.

Vor solcher folgenreichen Gefahr warnt uns Amin Maalouf, Schriftsteller, arabischer Christ und in Frankreich lebender Libanese. Geht es Amos Oz darum, wie man Fanatiker kuriert, also wie man absolut grenzenlose Grenzziehungen vermeiden kann, will Amin Maalouf die Beweggründe dieses Absolutheitsanspruchs der Grenzziehung erkunden. In seinem Essay *Mörderische Identitäten* beschäftigt er sich mit der Frage, ob wir in unserer Gesellschaft unaufhörlichen Spannungen bis hin zu Gewaltausbrüchen deswegen ausgesetzt seien, weil wir nicht alle die gleiche Religion, die gleiche Hautfarbe oder die gleiche Herkunft hätten.[16] Maalouf zufolge seien die Gründe dieser Gewaltausbrüche tieferliegender, nämlich in einer gnadenlosen, kompromisslosen Grenzziehung zwischen den verschiedenen Zugehörigkeiten, welche unsere Identität formen. Für Maalouf ließe sich unsere Identität nicht aufteilen, weder halbieren noch dritteln oder in Abschnitte zergliedern. Der Mensch besitze nicht mehrere Identitäten, sondern nur eine einzige, bestehend aus all den Elementen, die sie geformt haben: „Was mich zu dem macht der ich bin liegt in der Tatsache begründet, dass ich mich auf der Grenze von zwei Ländern, zwei oder drei Sprachen und mehreren kulturellen Traditionen bewege."[17] Maalouf führt viele Beispiele an,

---

14 Vgl. Kimmich, Dorothee: *Kleine Reflexion auf Theodor W. Adornos Diktum, dass „das Einschneidende nur auf Deutsch gesagt werden kann"*. In: Globale Kulturen – Kulturen der Globalisierung. Hrsg. v. Gössling-Arnold, Christina [u.a.], Baden-Baden: Nomos 2013, S. 61–72, S. 63.

15 Vgl. Ates, Seyran: *Der Multikulti-Irrtum. Wie wir in Deutschland besser zusammenleben können*. Berlin: Ullstein 2008.

16 Maalouf, Amin: *Mörderische Identitäten* (orig. *Les identités meurtrières*), Frankfurt a. M.: Suhrkamp 2000, S. 2.

17 Ebd. S. 2.

u. a. von Menschen, deren Existenz gewissermaßen von ethnischen, religiösen oder anderweitigen Grenzlinien durchzogen wird, etwa Menschen mit serbo-kroatischer, franko-algerischer oder Hutu-Tutsi Abstammung. Ergiebig gestalten sich Maaloufs Ausführungen für unseren Ansatz des transkulturellen Lernens darin, *auf der Grenze* zu leben bzw. sich im Grenzverkehr verschiedener Kulturen zu bewegen.

Was das bedeutet verriet uns der deutsch-amerikanische Religionsphilosoph Paul Tillich in seiner Dankensrede zum Friedenspreis des Deutschen Buchhandels 1962:

> Das Dasein auf der Grenze, die Grenzsituation ist voller Spannung und Bewegung. Sie ist in Wirklichkeit kein Stehen, sondern ein Überschreiten und Zurückkehren, ein Wieder-Zurückkehren und Wieder-Überschreiten, ein Hin und Her, dessen Ziel es ist, ein Drittes jenseits der begrenzten Gebiete zu schaffen, etwas, auf dem man für eine Zeit stehen kann, ohne in einem fest Begrenzten eingeschlossen zu sein.[18]

Geben wir uns keiner Illusion hin: Das mag für manche von uns schwierig sein und fast unmögliche Herausforderung darstellen. Aber genau mit dieser Schwierigkeit gilt es heutzutage mehr denn je umzugehen. Denn die Situation der Grenze, so Paul Tillich weiterführend, sei noch nicht das, was man Frieden nennen könne. Sie sei jedoch der Durchgang, den jeder einzelne gehen müsse und den die Völker gehen müssten, um zum Frieden zu gelangen.[19]

Auf der Grenze zu leben, zu sein, kann also ein heuristisches Verfahren sein, insofern als man ständig damit konfrontiert ist, zwei oder mehrere ‚Wahrheiten' auszuhandeln, Bindeglieder zwischen ihnen zu bauen, abzubauen und wieder aufzubauen, um seinen Horizont zu erweitern. In Afrika muss man, wie in einem späteren Kapitel ausgeführt wird, mit einem Mosaik von schätzungsweise 2000 Kulturen verhandeln. Ähnliches lässt sich im Subkontinent Indien beobachten. Dort handelt man nicht nur mit drei, vier Religionen, sondern mit dreitausend. Insbesondere in diesen Regionen (aber auch in europäischen Ländern bzw. Metropolen) ist das Schweben im Grenzverkehr der Kulturen usuell, zumal nahezu alle Menschen dort mit mehreren Zugehörigkeiten im Alltag konfrontiert sind. Dort ist der Mensch inmitten polysprachlicher, -religiöser und -kultureller Perspektiven, so dass seine „Identität" keineswegs als monolithisch erfasst werden kann. Diese Beispiele zeigen, dass wir heutzutage mehr denn je mit kulturellen Überlappungen sowie mit widersprüchlichen Zugehörigkeiten

---

18 Tillich, Paul: http://www.friedenspreis-des deutschenbuchhandels.de/sixcms/media. php/1290/1962_tillich.pdf (23.09.2013)
19 Vgl. Tillich, Paul, ebd.

operieren müssen. Dieses Interesse am Menschen in seiner Widersprüchlichkeit lässt sich schon bei dem französischen Denker der Renaissance Michel de Montaigne (1533–1592) in seinem Essai feststellen. Er schrieb:

> Ich gebe meiner Seele bald dieses Gesicht und bald jenes, je nachdem, auf welche Seite ich mich wende. [...] Alle Widersprüche finden sich in mir, je nach Gesichtswinkel und Umständen. Schamhaft und unverschämt; keusch und geil; geschwätzig und schweigsam; tatkräftig und zimperlich; geistreich und blöde; mürrisch und leutselig; lügnerisch und wahrhaftig; kenntnisreich und unwissend, freigebig und geizig und verschwenderisch, von allem finde ich etwas in mir, je nachdem ich mich drehe; und wer immer sich aufrecht prüft, wird sich, je sogar in seiner Urteile über sich selbst, diese Unstetigkeit und Unstimmigkeit vorfinden. Ich habe von mir selbst nichts Ganzes, Einheitliches und Festes, ohne Verworrenheit und in einem Gusse auszusagen. [...] Wir sind alle aus lauter Flicken und Fetzen und so kunterbunt unförmlich zusammengestückt, dass jeder Lappen jeden Augenblick sein eigenes Spiel treibt. Und es findet sich ebenso viel Verschiedenheit zwischen uns und uns selbst wie zwischen uns und anderen.[20]

Montaignes hebt hier die Ambivalenzen und Ambiguitäten des „Ich" hervor. Denn die *Unstimmigkeit* und das *Zusammengestückelt-Sein* des Subjekts sind es, die letztlich seine Widersprüchlichkeit begründen. Das Zitat zeigt plastisch, dass unsere Wahrnehmung nicht nur temporär ist, sondern auch – und das ist vielleicht der entscheidende Punkt – je nach Raum, Zeit und Kontext unterschiedlich kodiert wird. Das wesentliche in mir, so ließe sich aus dem Zitat folgern, liegt im Partiellen und keinesfalls in einem festgefahrenen, statischen Ganzen. Der letzte Satz dieses Zitats weist eine starke Parallele auf zur Literaturwissenschaftlerin Julia Kristeva, die Freuds Ausführungen über *Das Unheimliche* und die vielfältigen Erfahrungen aus dem Bereich der Psychoanalyse in ihrer Schrift „L'étranger en nous même" (Fremde sind wir uns selbst) radikalisierte:

> Der Fremde, Figur des Hasses und des anderen, ist weder das romantische Opfer unserer heimischen Bequemlichkeit noch der Eindringling, der für alles Übel des Gemeinwesens die Verantwortung trägt. Er ist weder die kommende Offenbarung noch der direkte Gegner, den es auszulöschen gilt, um die Gruppe zu befrieden. Auf befremdliche Weise ist der Fremde in uns selbst: Er ist die verborgene Seite unserer Identität.[21]

Somit soll das „Fremde" nicht mehr oder nicht so sehr als „ein irrationales gefährliches Gelände, nicht als Gegenwunsch bzw. Aversionsbild gefasst"[22] werden.

---

20 Montaigne, Michel Eyquem de: *Essais*. Auswahl und Übersetzung von Herbert Lüthy. Zürich: Manesse 1953, S. 324.

21 Kristeva, Julia: *Fremde sind wir uns selbst*. Frankfurt a. M.: Suhrkamp 1991, S. 11.

22 Reuter, Julia: *Ordnungen des Anderen. Zum Problem des eigenen in der Soziologie des Fremden*. Bielefeld: Transcript 2002. S. 162. Siehe auch Schütze, Jochen K.: *Global*

Aufgrund dieser Heterogenität und Hybridität kann die menschliche Praxis nicht eindimensional, nicht ein-deutig sein, sondern stets vielgestaltig, polyzentrisch und multiperspektivisch.

Ein konkretes Beispiel für die Identitätsproblematik: In Frankreich rief der Präsident a. D. Nicolas Sarkozy anfangs seiner Amtszeit 2007 ein „Ministerium für Einwanderung, Integration, nationale Identität und Entwicklung" ins Leben. Dieses Ministerium, das Brice Hortefeux leitete, erntete scharfe Kritik, dies insbesondere aufgrund des Begriffspaars „nationale Identität", das für viele Beobachter schwammig und grotesk zugleich war. Denn es leuchtete jedem ein, dass es in Frankreich keine homogene französische Kultur gibt. Im Gegenteil begegnet man unterschiedlichen und zum Teil gegensätzlichen Traditionen, die sich permanent wandeln und sich verschieben.[23] Die von diesem Ministerium ergriffenen Maßnahmen wie beispielsweise das Abschieben von Flüchtlingen und illegalen Asylsuchenden und die Durchführung von DNA-Tests bei einem Antrag auf Familienzusammenführung zeigten, dass es hier um keine Förderung der Identitätsfrage ging, sondern um ihre schiere Gefährdung. Sarkozy begriff dies und strich das einst gelobte Ministerium im November 2010 ersatzlos. Dieses Beispiel zeigt, dass Fragen der Identität und der Zugehörigkeit keine lineare Angelegenheit darstellen. Vielmehr müssen wir von vielfältigen und wechselseitigen Durchdringungen der Kulturen ausgehen. Jeder Mensch, so fasst Tzvetan Todorov ähnlich wie Amin Maalouf zusammen, habe an mehreren Identitäten unterschiedlicher Reichweite teil: die kulturelle Identität, die in sich vielfältig sei, die staatsbürgerliche Identität bzw. die Zugehörigkeit zu einem Land und die Identität als Bekenntnis zu einem gemeinsamen Projekt, zu einem Wertekanon, der häufig universelle Geltung habe.[24] Hier muss angemerkt werden, dass Todorov von *Identitäten* spricht, was Maalouf durch sein Konzept der *einzigen Identität* bestreitet, die sich aus verschiedenen Zugehörigkeiten zusammensetzt. Sucht man den gemeinsamen Nenner zwischen den beiden Ansätzen, so lässt sich die Pluralität des Identitäts-Begriffs festhalten. Seine Vielgestaltigkeit sowie seine A-Linearität sind es, die die Identität eines Menschen auszeichnen. Diese Vielgestaltigkeit ist das Baugerüst, das wir im Prozess des transkulturellen Lernens stets im Blick behalten müssen.

Stranger. Über ein postkoloniales Dilemma. In: Räume der literarischen Postmoderne. Gender, Performativität, Globalisierung. Hrsg. von Lützeler, Paul. Tübingen: Stauffenburg 2000, S. 37–47.

23 Vgl. Todorov, Tzvetan: Todorov, Tzvetan: *Die Angst vor den Barbaren. Kulturelle Vielfalt versus Kampf der Kulturen,* op. cit, S. 106f.

24 Todorov, Tzvetan: S. 104f.

Der Tübinger Pädagoge Ludwig Liegle zeigt in einem aufschlussreichen Aufsatz mit dem Titel „Interkulturelles Lernen in der Weltgesellschaft"[25] inwiefern weltgesellschaftliche Zusammenhänge als ein Problem des Lernens aufgefasst werden müssten, wofür er vier Bedingungen nennt. Dabei beruft er sich auf Ansätze des Biologen Jean Piaget sowie auf Gedanken des Philosophen Friedrich Schleiermacher. Liegle zufolge müssen wir *uns freimachen vom intellektuellen und moralischen Egozentrismus*[26]. Dies besagt, so erläutert Liegle diese erste Bedingung mit Verweis auf Piaget, dass wir uns von der Neigung freimachen „uns im Mittelpunkt der Welt zu wähnen"[27] bzw. „unseren eigenen Standpunkt zu verabsolutieren, unsere Sicht der Dinge für die einzig mögliche zu halten [...]"[28] Die Überwindung des Egozentrismus bedeutet auch, dass wir keineswegs davon ausgehen sollten, „dass jeder denkt, wie wir, oder denken sollte wie wir."[29] Ein solches Denkschema führt zu einem homogenisierenden Überbau, der die verschiedensten Stimmen aus dem Unterbau disqualifiziert oder gar negiert. Diese erste Bedingung, so meine ich, impliziert einen gebührenden Respekt von Differenz und die Wahrnehmung der Vielfalt als eine reale Chance für die Weltgesellschaft. Denn wo viele Werte und Kulturen sich kreuzen, sollte Flexibilität in der zwischenmenschlichen Beziehung vorhanden sein. Jede Radikalisierung und Verabsolutierung würde jeglichen Willen transkulturellen Lernens im Keim ersticken. Zweite Bedingung ist nach Liegle *eine Befreiung aus sozialen Denkzwängen, die aus Vergangenheit, Tradition und sozialer Gruppenzugehörigkeit gespeist werden.*[30] Liegle zufolge liegen soziale Denkzwänge meistens in Vorurteilen begründet – wie z. B. die lange geschichtliche Tradition des Judenhasses oder auch die oftmals in der Gesellschaft zementierte Wahrnehmung von Muslimen als frauenfeindlich oder Selbstmordattentäter.[31] Die Überwindung von sozialen Denkzwängen ist m. E. heutzutage deswegen von entscheidender Bedeutung, weil wir zurzeit in der Gesellschaft, besonders in vielen Medien, eine gefährliche Kulturalisierung (Türken, Italiener, Deutsche sind so und nicht anders) bzw. Spiritualisierung (kulturelle oder politische Handlungen werden aus religiösen

---

25 Liegle, Ludwig: *Interkulturelles Lernen in der Weltgesellschaft*. In: Europa und seine Fremden. Die Gestaltung kultureller Vielfalt als Herausforderung. Hrsg. von Johler, Reinhard [u.a.], Bielefeld: Transcript 2007. S. 59–70.

26 Ebd. S. 62.

27 Piaget, Jean, zit. nach Liegle, Ludwig, S. 62.

28 Ebd.

29 Ebd.

30 Vgl. ebd.

31 Vgl. Liegle, S. 62.

Gründen verschleiert) erleben. Als dritte Bedingung nennt Liegle *die Realisierung der Wechselseitigkeitsmethode*. Ähnlich wie bei der ersten Bedingung geht es hier darum, dass jeder einzelne seine individuelle, kollektive und nationale Welt zwischen den anderen möglichen Welten situiere, sie aus anderer, fremder Perspektive müsse betrachten können.[32] Diese Situierung der Welt aus der Brille des „anderen" kann uns vor vielen Zerrbildern oder Stereotypen bewahren, die wir erleben. Wenn wir angesichts der Migrationsdynamiken von Vielfalt sprechen, müssen wir im gleichen Zug eine Wechselseitigkeit, und wie wir noch später sehen werden, eine *Reziprozität* akzeptieren und diese tatsächlich in die Praxis umsetzen. Als vierte Bedingung des inter- bzw. transkulturellen Lernens nennt Liegle in Anlehnung an Friedrich Schleiermacher „die Entwicklung eines Sinnes für das Fremde und die Fremden."[33] Das besagt eine Grenzüberschreitung hin zum kulturell und religiös Fremden, eine „Durchschneidung der eigenen Grenze durch das Heimischmachen des Fremden". In Friedrich Schleiermachers Worten heißt es:

> Die nationale Eigentümlichkeit entsteht aus der Indifferenz, wie die persönliche. Sie entsteht im Gegensatz, aber sie darf kein absoluter werden, und damit nicht in ihr das allgemein Menschliche aufgehe, muss sich mit ihr zugleich entwickeln ein Sinn für das Fremde. Ist sie also am höchsten entwickelt, so muss auch dieser Sinn am höchsten entwickelt sein und als ein wesentliches Element der Nationalbildung gefühlt werden. Also die Zeit der höchsten Entwicklung ist da, wenn im pädagogischen System Veranstaltungen sind, um den Sinn für das Fremde auszubilden und zu unterhalten.[34]

Im Anschluss an diesen allgemeinen Bedingungen skizziert Liegle vier Dimensionen[35] des transkulturellen Lernens, welche speziell für die Didaktik berücksichtigt werden müssten. Es sind (a) *die kognitive Dimension*, d. h. die Vermittlung und Aneignung von Wissen, (b) *die soziale Dimension*, also das gemeinsame Lernen aller Kinder im Klassenzimmer und die dialogische Praxis darin, (c) *die ethische Dimension*, d. h. die Verbindung von Wissen mit Werten, Regeln, Rechten und Wissen und schließlich (d) *die emotionale Dimension*, die sich auf Formen der Wahrnehmung und Erfahrung von Leiblichkeit und Habitus bezieht.

Liegles Ausführungen, vor allem seine These einer „Dialogfähigkeit als Ergebnis von Lernprozessen",[36] sind hier von besonderer Wichtigkeit. Denn eine

---

32 Vgl. ebd.
33 Ebd., S. 62.
34 Schleiermacher, Friedrich: *Pädagogische Schriften*. Bd. 1. Düsseldorf/München: Küpper 1957, S. 387.
35 Vgl. ebd., S. 66f.
36 Liegle, S. 61.

Dialogkompetenz ist keine Selbstverständlichkeit, sondern kann erst dann gegeben werden, wenn wir uns dafür einsetzen, dass die heutzutage oftmals herrschende Ignoranz voneinander, wenn nicht gänzlich behoben, dann doch ein Stück weit reduziert wird. Gerade diese Ignoranz stellt m. E. eine Gangräne dar und beeinträchtigt eine angemessene Wahrnehmung des ‚Anderen'. Ich möchte in Anlehnung an Liegles Ausführungen folgende These aufstellen: *Der viel beschworene Dialog der Kulturen ist trotz der zunehmenden Mobilität und Diversifizierung deswegen auf der Strecke geblieben, weil Wissen fehlt, wie wir uns und einander wahrnehmen sollen – und infolge dessen, was ein adäquates Verhalten darstellt.* Was wir heute brauchen, ist weniger ein *Dialog der Kulturen* auf Gedeih und Verderb. Vielmehr benötigen wir eine intensive Auseinandersetzung mit den *Kulturen des Dialogs* – so auch der Titel des ersten internationalen Symposiums des Projekts Wertewelten an der Universität Tübingen.[37] Wir brauchen adäquates Wissen über Kulturen, Weltbilder, Wertevorstellungen und Lebensmodi des „Anderen". Ist es doch vorteilhaft zu wissen, dass die während eines Gesprächs in Europa erwartete und normale *Streitkultur* nicht universal ist und stattdessen eine Art ‚*Schweigkultur*' in vielen nahöstlichen Ländern gepflegt wird, wenn auch hier mit Ausnahmen zu rechnen ist. Die Notwendigkeit dieses Wissens wird spätestens evident, wenn wir der Frage nachgehen, wie gelungene Integration in der Gesellschaft funktioniert.

3. *Integrations*begriff: Blicke und Vorschläge

Der Integrationsbegriff bestimmt seit einigen Jahren akademische, gesellschaftliche und politische Debatten. Seit 2011 wurde in Baden-Württemberg ein Ministerium für Integration ins Leben gerufen. Deren intendierte Integrationspolitik wurde im Koalitionsvertrag zwischen SPD und Bündnis 90/Die Grüne wie folgt begründet: „Baden Württemberg ist das Flächenland mit dem höchsten Anteil an Menschen mit Migrationshintergrund. Viele leben und arbeiten seit Jahrzehnten und in nunmehr vierter Generation in unserem Land. Ihr wirtschaftlicher und gesellschaftlicher Beitrag zum Wohlstand verdient unsere Achtung und Anerkennung." Sodann wurde das politische Ziel wie folgt festgelegt:

> […] Wir wollen die Grundlagen dafür schaffen, dass sich Chancengleichheit über soziale und ethnische Grenzen hinweg durchsetzt. Die Integrationspolitik der vergangenen Jahrzehnte hat durch zu spätes, unverbindliches Handeln Integrationshemmnisse geschaffen, die wir abbauen wollen. Wir streben eine Neuausrichtung der

---

37 Vgl. Assmann, Heinz-Dieter, / Baasner, Frank / Wertheimer, Jürgen (Hrsg.): *Kulturen des Dialogs*, Baden-Baden: Nomos 2011.

Integrationspolitik an. Unser neuer Ansatz soll seinen Ausdruck in einem Partizipations- und Integrationsgesetz finden, das verbindliche und *messbare Ziele* definiert. Darüber hinaus werden wir aktiv an einer integrationsfördernden Weiterentwicklung des Bundesrechts mitwirken.[38]

Das Ministerium hat sich demzufolge die Anerkennung vielfältiger Existenzen in Baden Württemberg auf die Fahne geschrieben. Worum es sich hier dreht, ist nicht schwer zu verstehen: Es ist ein Appel, Heterogenität und Diversität der Gesellschaft in die Praxis umzusetzen. Und es lassen sich bereits einige Errungenschaften bzw. positive Tendenzen in puncto Chancengleichheit (Anonym bewerben), gesellschaftlicher Teilhabe (Einbürgerung, Runder Tisch Islam, Anerkennung ausländischer Abschlüsse), Vorrangstellung der Humanität (Flüchtlinge und Asylsuchende) dokumentieren. Die intendierte Neuausrichtung dieser Integrationspolitik lässt sich an ihrer Offenheit und ihrer Umsetzung bewerten.

Dennoch möchte man sich fragen, was hier mit dem Adjektiv *messbar* bzw. mit dem Wortpaar „messbare Ziele" gemeint ist? Problematisch wäre es nämlich, wenn Integration als *entité quantifiable* bzw. als eine mathematische Größe verstanden wird, oder gar als festgefahrene „Standards [...], an die sich die anderen anzupassen haben."[39] Oftmals geht es im Integrationsdiskurs darum, Menschen mit sogenannten Migrations*hintergrund* oder *-vordergrund* in die Zivilgesellschaft zu integrieren. Zu fragen wäre, was mit dem Terminus *zivil* genau gemeint wird? Worin liegt denn die *Zivilität* einer Gesellschaft? Liegt sie in einer offensichtlichen oder latenten Ablehnung von Differenzen oder vielmehr in einer Ent-Entfremdung, d.h. Heimisch-machen der darin lebenden Menschen? In seinem Buch *Flüchtige Moderne* gibt Zygmunt Baumann eine Definition von Zivilität, die sehr erkenntnisreich ist: Zivilität, so Baumann, sei die Fähigkeit mit Fremden zu interagieren, ohne ihnen ihr Fremdsein zum Vorwurf zu machen oder sie zu nötigen, das, was sie zu Fremden macht, abzulegen und zu verleugnen.[40] Zivilität bedeutet, so kann man Baumanns Worte interpretieren, keine Haltung der Assimilation, der puristischen Grenzziehung, sondern eine Akzeptanz des Wanderns zwischen Kulturen und Traditionen, eine Anerkennung des Pluralismus, der Vielfalt. Mit einer solch zivilen Haltung wird die Vielfalt nicht zu einer Deko-Vielfalt, sondern zu einer gelebten Vielfalt, zu einer realen Chance, die gelebt sein will und auch muss. Diese Vielfalt sollte, so Baumann weiterführend, als „[...] glücklicher Umstand angesehen werden, der

---

38 http://www.integrationsministerium-bw.de/pb/,Lde/1583880 (16.12.2013, Hervorhebung d. V.)
39 Terkessidis, Mark: *Interkultur*. Berlin: Suhrkamp 2010, S. 40.
40 Baumann, Zygmunt: *Flüchtige Moderne*. Frankfurt a. M.: Suhrkamp 2003, S. 125.

den menschlichen Horizont erweitert, die Lebenschance des einzelnen vermehrt und damit mehr Vorteile bietet als alle Alternativen zusammengenommen."[41] Mit dieser Vielfalt als Chance ist ein anderes Plädoyer Baumanns verbunden, der für das transkulturelle Lernen gewichtig ist, nämlich die Akzeptanz einer „Reziprozität der Perspektiven"[42]. Diese meint das Anerkennen des Anderen, „(e)ntsprechend denselben Grundsätzen wie ich zu denken und sich zu verhalten [...]", eine Gleichartigkeit also, „(m)ich selbst in der Situation des anderen" aber auch „(m)ir den anderen in meiner Lage vorzustellen."[43] Diese Reziprozität der Perspektiven impliziert nicht nur eine Gleichartigkeit, sondern eine Gleichwertigkeit, Gleichwürdigkeit des Anderen und vor allem eine Gegenseitigkeit: „Mit dieser Fähigkeit, mich selbst in der Situation des anderen zu sehen, ist natürlich untrennbar auch die Fähigkeit verbunden, mir den anderen in meiner Lage vorzustellen.",[44] präzisiert Baumann. Wenn wir also eine gelungene Integration wollen, sollten wir uns nicht nur auf Minderheiten der Gesellschaft fokussieren und bei ihnen das zu domestizierende „Übel" suchen. Wir sollten auch die Mehrheit nicht aus den Augen verlieren, da die Zivilität *doppelblickend* erfolgen muss, also eine Bringschuld der Mehrheit wie auch der Minderheit einfordert. Man könnte diese Wechselseitigkeit, mit Niklas Luhmann gesprochen, als „Interpenetration" bezeichnen. Luhmann zufolge gibt es Verhältnisse der Interpenetration und Bindungen nicht nur zwischen Mensch und sozialem System, sondern auch zwischen Menschen.[45] Insbesondere in unserem Zeitalter der Globalisierung und der zunehmenden Internationalisierung ist der Imperativ der Perspektiven-Reziprozität unumgänglich. Deswegen will ich einige Vorschläge anführen, die als mögliche Kanäle für eine möglichst erfolgsversprechende Integration begriffen werden können:

Integrationszwang abbauen

Ein kursorischer Blick in Zeitungen bringt einen zur Frage, ob wir eine *Integrationsmaschinerie* mit patriarchalischer Rhetorik anstreben wollen oder eher eine gegenseitige Akzeptanz, bzw. – mehr noch – Gleichwertigkeit und Würdigkeit des Anderen wollen. Denn häufig wird Integration verstanden (oder missverstanden) als Verschmelzung der Zuwanderer bis hin zu ihrem Unsichtbarwerden

---

41 Ebd., S. 209.
42 Baumann, Zygmunt: *Unbehagen in der Postmoderne*, op. cit., S. 21ff.
43 Ebd.
44 Baumann, Zygmunt: *Unbehagen in der Postmoderne*, op. cit. S. 22.
45 Vgl. Luhmann, Niklas: *Soziale Systeme. Grundriss einer allgemeinen Theorie*. Frankfurt a. M.: Suhrkamp 1984, S. 303.

in der Mehrheit der Gesellschaft,[46] als ob es einen Typus des „integrierten Deutschen" gäbe, der zur Messlatte für Integrationsevaluierungen gereichen würde.[47] Es ist als ob es Standards gäbe und man müsse eine bestimmte Minderheit zur Einhaltung dieser Standards aufrufen oder gar zwingen.[48] Daher sollten wir in unserem Einsatz für Integration *keinen Raum für Integrationszwang* fordern. Ansonsten droht man, im Sinne des indischen Philosophen Amartya Sen, Menschen zu einer einzigen Kultur zu „pressen", zu einer „singulären Zugehörigkeit"[49] zu reduzieren. Das besagt, man würde irrtümlicherweise annehmen, diese Menschen gehörten praktisch nur einem einzigen Kollektiv an, nicht mehr und nicht weniger.[50]

Vertrauen entwickeln

Ein weiterer Kanal für Integration ist ein Kampf für ein *Klima des Vertrauens* zwischen den ‚Bürgern' und den sogenannten ‚Mitbürgern'. Zur Veranschaulichung folgendes Beispiel: Am 10. März 2013 starben in der Stadt Backnang eine Mutter und ihre sieben Kinder bei einer Brandkatastrophe. Kurz danach verriet Gökay Sofuoglu, Landesvorsitzende der Türkischen Gemeinde in Baden-Württemberg, dass er selbst zunächst an einen Anschlag gedacht habe, als er von der Tragödie erfuhr. Dies, weil er in der Vergangenheit erlebt habe, dass es Aufklärungsmängel in Sachen rassistische Angriffe gab, ob bei den NSU-Morden oder bei anderen Vorfällen. Dann fügte er hinzu, dass das automatisch zu Misstrauen führe.[51] An Klarheit lässt dieser letzte Satz kaum etwas zu wünschen. Misstrauen scheint heutzutage ein Gift für Integration zu sein. Es verschlechtert das zwischenmenschliche Ambiente und ruiniert alle guten Absichten. Deshalb benötigen wir heute *einen flächendeckenden Einsatz für Vertrauen*.

---

46 Vgl. Oberndörfer, Dieter : http://www.fes.de/integration/pdf/vort_oberndrfer.pdf (24.11.2013).

47 Oberndörfer zufolge gäbe es den integrierten Deutschen, an dem die Integration zu messen wäre, nicht. Vgl. Oberndörfer, Dieter: *„Den integrierten Deutschen gibt es nicht"*. In: *Einwanderungsland Deutschland. Interkulturelle Gesellschaft und Citizenship*. Hrsg. von Heinrich Böll Stiftung, S. VII.

48 Vgl. Terkessidis, Mark: *Interkultur* op. cit. S. 40.

49 Sen, Amartya: *Die Identitätsfalle. Warum es keinen Krieg der Kulturen gibt*. Aus dem Englischen von Friedrich Griese. München: Beck 2007, S. 35.

50 Vgl. ebd. In seinen Ausführungen sieht Amartya Sen die Verbreitung zweier Arten von Reduktionismus in heutigen gesellschaftlichen Denken: Die „Mißachtung von Identität" sowie die „singuläre Zugehörigkeit".

51 http://www.rp-online.de/panorama/deutschland/tuerkische-gemeinde-lobt-polizei-aid-1.3254205 (18.02.2014).

Zugehörigkeitsgefühl stärken

Neben diesem Kampf für Vertrauen benötigen wir eine *Stärkung des Zugehörigkeitsgefühls*. Es ist von Vorteil, dass ein Mensch mit Migrationsbiographie sich in Deutschland, wo er ja lebt, wohl und beheimatet fühlt, indem er sich einerseits an deutsches Recht und Gesetz hält, sich deutsche Alltagskultur so gut wie möglich aneignet, und andererseits von der Mehrheit der Gesellschaft angenommen wird. Das Zugehörigkeitsgefühl ist keine Selbstverständlichkeit und muss ständig entwickelt werden. Selbst wenn man die deutsche Staatsangehörigkeit annimmt, gibt es keine Garantie dafür, dass die Frage des Zugehörigkeitsgefühls geklärt ist. Ein Blick auf die vom Integrationsministerium Baden-Württemberg geführte Studie „Der Weg zum Pass" zeigt plastisch, dass die Stärkung des Zugehörigkeitsgefühls von Menschen mit Migrationsbiographie eine zukunftsweisende Aufgabe sein muss. Die Integrationspolitik sollte nicht bei den Migranten den Eindruck aufkommen lassen, dass Sie zu ‚Verlierern' in der Gesellschaft verdammt werden. In der Stadt Tübingen wird der Versuch unternommen, diese Gefahr zu bannen, indem man sich für einen „partizipativen Weg" zur Ankurbelung der Integrationskonzeption entschied. Intendiert ist hier die Förderung des gleichberechtigten Zusammenlebens aller Einwohnerinnen und Einwohner.[52] Ich finde diesen Ansatz deswegen sinnvoll, weil er jedem Stadtbewohner die Möglichkeit bzw. die Chance gibt, an der Mitgestaltung des gesellschaftlichen Zusammenlebens aktiv teilzuhaben. Denn sich integrieren bedeutet nicht nur kulturelle Dinge zu erleben, sondern sie eigenmächtig zu bewegen und ihnen eine Signatur von sich selbst zu verleihen. Vor allem die Beteiligung von Tübingern und Tübingerinnen, die noch kein volles Wahlrecht haben und sich doch an der Gestaltung einer toleranten Stadtgesellschaft aktiv teilnehmen können, ist nicht nur zu begrüßen sondern auch zu unterstützen. Diese Unterstützung manifestiert sich auch durch viele interkulturelle Projekte, die von Bürgern ins Leben gerufen sind. Einige dieser Projekte werden in Tübingen jährlich anlässlich der Verleihung des Integrationspreises prämiert. Als Abrundung der Integrationsfrage möchte ich nun auf den Kreis muslimischer Jugendlicher eingehen und eruieren, wie Integration bei ihnen ge- oder misslingt.

4. Transkulturalität: das Beispiel muslimischer Jugendliche

Der hier intendierte Fokus auf muslimische Jugendliche darf nicht interpretiert werden als eine Disqualifizierung oder gar Verteufelung Jugendlicher anderer

---

52 Vgl. *Integrationskonzept Tübingen 2010. Grundsätze und Handlungsfelder der Integrationspolitik.* Hrsg. von der Universitätsstadt Tübingen, Stabsstelle Gleichstellung und Integration.

Religionen. Wenn debattiert wird, ob die religiöse Zugehörigkeit muslimischer Jugendlicher, also der Islam, Teil Deutschlands sei, dann geschieht dies meistens mit dem Argument einer religiösen und soziokulturellen Abgrenzung bzw. Abkapselung dieser Jugendlichen. Sie werden zu Recht oder zu Unrecht als „gewalttätig" und „brutal",[53] oder durchdrungen von einer Machokultur bezeichnet. Oftmals werden sie als „Fremde" oder als „desintegrierend beschrieben"[54] oder gar als „Betroffene von sogenannten Kulturkonflikten fokussiert"[55]. Aufgrund solcher Vor- und Einstellungen in der Gesellschaft scheint es mir notwendig hier aufzuzeigen, inwiefern das religiöse Bekenntnis bei vielen (leider nicht bei allen) dieser Jugendlichen nicht als Leerformel zu verstehen ist und Religion nicht zur gesellschaftlichen Abschottung, sondern zur gesellschaftlichen Verantwortung führt und führen soll. Dies ist insofern notwendig, weil wir – wie oben mit Ludwig Liegle ausgeführt – uns aus sozialen Denkzwängen befreien müssen, die aus Vergangenheit, Tradition oder sozialer Zugehörigkeit gespeist werden.

Da die Thematik der Religion oftmals mit der Frage nach kultureller Zugehörigkeit aufgerollt wird, scheint es mir angebracht, die Theorie des US-amerikanischen Ethnologen Clifford Geertz hier heranzuziehen und kurz zu skizzieren. Geertz' zufolge ist Religion ein Symbolsystem bzw. ein kulturelles System.[56] Ihre Bedeutung liege darin, dass sie in der Lage sei, dem einzelnen Menschen oder eine Gruppe von Menschen allgemeine und doch spezifische Auffassungen von der Welt, vom Selbst und von den Beziehungen zwischen Selbst und Welt zu liefern.[57] Religiöse Vorstellungen, so Geertz weiterführend, blieben nicht auf ihre besonderen metaphysischen Zusammenhänge beschränkt; sie bieten vielmehr ein System allgemeiner Ideen, mit dem die Erfahrung in vielen Bereichen – im intellektuellen, emotionalen, moralischen Bereich – sinnvoll ausgedrückt werden könne.[58]

---

53 Hierzu titelte Spiegel online im Mai 2010: „Jung, muslimisch, brutal". http://www.spie gel.de/panorama/justiz/kriminologische-studie-jung-muslimisch-brutal-a-698948. html (24.11.2013)

54 Vgl. Thiel, Ansgar u. a: *Europa und seine Fremden – Migration, Integration und die Gestaltung kultureller Vielfalt*. In: Europa und seine Fremden. Die Gestaltung kultureller Vielfalt als Herausforderung. Op. cit., S. 13–25, S. 21.

55 Vgl. Mannitz, Sabine: *Integration und Individualisierung: Heranwachsende aus Immigrantenfamilien auf steinigen Wegen zur eigenen Lebensführung*. In: Europa und seine Fremden, op. cit., S. 145–163, S. 145.

56 Geertz, Clifford: *Dichte Beschreibung. Beiträge zum Verstehen kultureller Systeme*. Op. cit., S. 48.

57 Ebd., S. 92.

58 Ebd.

Im Lichte dieser Behauptung Geertz' ließe sich bei muslimischen Jugendlichen, insbesondere im Hinblick auf ihre „Erfahrung" Folgendes beobachten: Sie sind nicht nur von der Bildungsinstanz ihrer jeweiligen Familie mit deren entsprechenden Werten geprägt, sondern nehmen die von außen an sie herangetragenen kulturellen Elemente an und werden somit zu einem Kompositum formiert und formatiert. Ihnen wird eine große Auswahl an kulturellen Traditionen sowie religiösen Praktiken offeriert. Ihre Erziehung verläuft daher nicht monokulturell, sondern erfolgt zwischen den christlich orientierten Werten der Schule und den islamisch geprägten Riten des Elternhauses.[59] Sich zwischen schulischen Anforderungen und familiären Gepflogenheiten zu bewegen, bedeutet daher für diese muslimischen Jugendlichen ein Sammeln von diversen Welten und Werten, die es ihnen erlaubt, sich die im Klassenzimmer vermittelten Werte, wie oben mit Zygmunt Baumann ausgeführt, mit einer ‚doppelblickenden' Wahrnehmung anzueignen und kraft dessen die radikale Logik des „Entweder-Oder" abzulegen zu Gunsten einer flexiblen Haltung. Die religiösen Vorstellungen dieser Jugendlichen sind also im Sinne Geertz ein System allgemeiner Ideen, ein Sammelsurium verschiedener Werte, die ihre Stimmungen, ihre Motivationen, ihre Leidenschaften und ihre Gefühle beeinflusst. Die Begegnung und Auseinandersetzung mit andersreligiösen Werten ist also Teil dieser religiösen Einstellung und trägt zu einer Entfaltung des Selbstverständnisses und der religiösen Flexibilität in der Zivilgesellschaft bei.

Diese Flexibilität ließe sich in aktuellen muslimischer jugendlicher Trends beobachten. Die verschiedenen Labels und Slogans wie zum Beispiel „Türkisch und Deutsch!", „Muslimisch-Weiblich-Deutsch!" oder „Pop-Islam" und „styleislam" deuten unverkennbar auf das Engagement vieler muslimischer Jugendlicher, ihre „plurale Identität" kundzutun, indem sie mit allem Mittel ihre aufgeklärte Religiosität zu kontextualisieren versuchen und den interkulturellen bzw. interreligiösen Dialog auf eine originelle Art gestalten. Auf der Homepage der Muslimischen Jugend in Deutschland (MJD) lässt sich lesen, dass das Hauptanliegen darin bestünde, den Dialog zwischen verschiedenen Religionen, Nationalitäten und Kulturen zu vertiefen. Eine ähnliche gesellschaftsreligiöse Einstellung ist dem Projekt „Junge Islam konferenz- Berlin 2011" inhärent, das SchülerInnen und StudentInnen relevantes wie übergreifendes Hintergrundwissen zu den Themenbereichen Verhandlungsinteraktion sowie soziale und politische Lage von Muslimen vermitteln will.

---

59 Siehe hier Wensierski, Hans-Jürgen von / Lübcke, Claudia (Hrsg.): *Junge Muslime in Deutschland. Lebenslagen, Aufwachprozesse und Jugendkulturen.* Opladen [u. a]: Budrich 2007.

Das Verbot von Radikalität bzw. das Gebot von Flexibilität, dass dem Engagement vieler muslimischer Jugendlicher in Deutschland zugrunde liegt, wie der
Islamwissenschaftler Harry Harun Behr es zeichnete, lässt sich bis in die islamischen Bildungsphilosophie der ersten abassidischen Bildungseinrichtung *Baitul-
Hikma* im Bagdad des beginnenden 9. Jahrhunderts n. Chr. zurückverfolgen, in
der Erziehung als individuelle und zugleich gesamtgesellschaftliche Verantwortung wahrgenommen wurde.[60] Der Koran selbst verpflichtet im Vers 13 der 49.
Sure zu dieser Flexibilität wie folgt: „O ihr Menschen, wir haben euch von einem
Mann und einem Weib erschaffen und euch in Völker und Stämme eingeteilt,
damit ihr liebevoll einander kennen mögt [...]". In dieser Passage ist zweierlei
festzuhalten:

- Es geht hier nicht um eine Trennung zwischen Christen, Muslimen und Ju-
  den, sondern vor allen Dingen um „Menschen", unabhängig von kultureller
  und religiöser Zugehörigkeit.
- Das genannte „Kennenlernen", dass eine permanente Aushandlung impliziert, muss nicht an der Oberfläche bleiben. Das arabische Verb „Ta 'anrafa" ist hier nicht mit „'An rafa" zu verwechseln. Denn letzteres bedeutet lediglich „kennen". Das Präfix „Ta" (ت), in „Ta 'anrafa" kann als Synonym für
  „zwischen" oder „mit" übersetzt werden und legt nahe, dass es hier nicht um
  eine Selbstbegrenzung (en vase clos) geht, sondern um einen Prozess von
  Grenzüberwindung. Es handelt sich hier daher nicht um eine Erziehung zur
  Null-Toleranz, wie man gegenwärtig von manchen fanatisch-islamistischen
  Gruppierungen praktiziert sieht. Es geht vielmehr um eine Haltung bzw. eine
  mentale Disposition, die sehr reich ist an Überschneidungen und Wechselwirkungen, an Zusammenhängen und Aushandlungen. Harry Harun Behr
  weist darauf hin, dass Sinn und Zweck islamischer Erziehung Verhandlungs-
  sache sei. Dabei handele es sich nicht um ein Entweder-Oder, sondern um
  eine Sache des Aushandelns zwischen den Beteiligten, vor allem wenn es um
  Konturierung sozialer Rollen geht.[61] In einer Prophetenüberlieferung heiß
  es, dass Mohammed seinen Gefolgten empfahl: „Suchet das Wissen, und sei
  es in China." – „Utlub al 'ilm wa lao kāna fi Sîn." Das Wort „Wissen" ist hier
  bewusst gewählt und soll verdeutlichen, dass eine Selbst-Bildung aus islamischer Sicht grenzübergreifend vonstatten gehen soll. Daraus kann man ein

---

60 Behr, Harry Harun: *Welche Bildungsziele sind aus der Sicht des Islams vordringlich?*
   In: Mein Gott – Dein Gott. Interkulturelle und interreligiöse Bildung in Kindertagesstätten. Hrsg. von Schweitzer, Friedrich [u. a.], Weinheim/Basel: Beltz 2009, S. 31–47,
   S. 37.
61 Ebd., S. 36.

Oszillieren zwischen den Kulturen, ein Pendel-Zustand, eine west-östliche, nordsüdliche Kommunikation ableiten, die leider heutzutage durch eine grausame Radikalisierung religiöser Grenzen, eine ‚Grenzenschizophrenie' vernebelt und ausgehöhlt zu sein scheint. Ich zitiere hier diesen Spruch des Propheten auch deswegen, weil er meine These bekräftigt, nämlich – nochmals –: *Der viel beschworene Dialog der Kulturen ist trotz der zunehmenden Mobilität und Diversifizierung deswegen auf der Strecke geblieben, weil wir Wissen benötigen, das uns richtige Wahrnehmung und somit adäquates Verhalten ermöglichen kann.* Im Folgenden wird es deswegen darum gehen, aufzuzeigen, dass unsere Werte in der Weltgemeinschaft Ähnlichkeitszüge aufweisen, die dennoch zu einer Zerreißprobe umkehren können, wenn wir nicht achtsam genug miteinander umgehen.

Kapitel II: Krise der Wahrnehmung – Ambivalenz von Werten

„Wie real sind Werte? [...] Wann kommt es zu Konflikten zwischen Moral und Bräuchen? Kann man Kultur ‚besitzen‘? [...] Ich hoffe, am Ende wird es schwerer fallen, sich vorzustellen, die Welt sei getrennt in den Westen und den Rest, in lokal gebundene und moderne Menschen, in eine blutleere Ethik des Profits und eine lebendige Ethik der Identität, in ‚uns‘ und ‚die anderen‘"[62]

1. Warum Werte?

Zunächst wollen wir der Frage nachgehen, warum die hier anvisierte Wertedebatte einen wichtigen Beitrag zum transkulturellen Lernen leistet. Wenn von Werten die Rede ist, dann ist immer Vorsicht geboten. Denn Werte wie Solidarität, Lebensschutz, Menschenwürde, Menschenrechte und Toleranz können uns unzertrennlich verbinden, aber auch unverrückbar trennen, weil deren Modellierung, deren In-Praxis-Setzung je nach Kontext, Region, Volksgruppen oder Regierungen unterschiedlich aufgefasst werden. Insofern sind Werte nicht forciert vermittelbare Elemente, sondern sollten stets ausgehandelt und verhandelt werden. Gerade in dieser Grunddisposition als aus- und verhandelbare Elemente sind Werte konstitutiv für ein transkulturelles Lernen. Sie bieten uns, wenn sie nicht essentialistisch aufgefasst sind, ideale Voraussetzungen dafür, zu Erkenntnissen über Bräuche und Traditionen anderer Kulturen zu gelangen.

In systemtheoretischer Hinsicht lässt sich diese Verhandelbarkeit bzw. *Unschärfe* von Werten damit demonstrieren, dass sie den Menschen die Fähigkeit geben, das Gemeinsame zu bezeichnen, ohne ihnen eine allgemeingültige Handlungsorientierung, ohne eindeutige Handlungskriterien zu verordnen.[63] So betrachtet sind Werte, vor allem diejenigen, die einen starken Bezug zum Subjekt haben wie z. B. Freiheit, Gleichheit und Menschenwürde ein symbolisch

---

62 Appiah, Kwame Anthony: *Der Kosmopolit. Philosophie des Weltbürgertums.* (Orig. *Cosmopolitanism. Ethics in a world of strangers*) Bonn: Bundeszentrale für Politische Bildung 2007, S. 19f.

63 Vgl. Corsi, Giancarlo: ‚*Werte*‘. In: *Glossar zu Niklas Luhmanns Theorie sozialer Systeme.* Hrsg. von Baraldi, Claudio [u. a.], Frankfurt a. M.: Suhrkamp 1997, S. 207–209, S. 207f.

generalisiertes Kommunikationsmedium, das keine festgelegte Wahrheit für sich beansprucht. Konsequenterweise gibt es keine allgemeingültigen Wertevorstellungen und somit keine unhinterfragbaren Universalien.

2. Überlappung von Werten

Im Diskurs über europäische Werte wird häufig angenommen, dass die Wurzeln abendländischer Kultur in der Renaissance liegen, jener Zeit der kulturellen Blüte, die von der Rückbesinnung auf die griechische Antike inspiriert wurde. Ebenfalls scheint Konsens darüber zu herrschen, dass philosophische sowie kulturelle Umwälzungen in dieser Zeit angestoßen wurden, welche die Geburt der Aufklärung vorbereiteten.[64] Bei näherer Betrachtung lassen sich jedoch diese Wurzeln westlicher Werte weiter zurückverfolgen. Der Historiker Heinrich August Winkler datiert beispielsweise die Geburt des europäischen Monotheismus noch 1000 Jahre früher als die griechische Antike, nämlich mit dem ägyptischen Pharao Echnaton (Amenophis) im 14. vorchristlichen Jahrhundert. Hierzu Winkler:

> Am Anfang war ein Glaube: der Glaube an *einen* Gott. Zur Entstehung des Westens war mehr erforderlich als der Monotheismus, aber ohne ihn ist der Westen nicht zu erklären. Der westliche Monotheismus ist östlichen Ursprungs. Er ist das Ergebnis einer Kulturrevolution, die sich im Ägypten des 14. Jahrhunderts vor Christus unter dem König Amenophis IV. vollzog.[65]

Winkler deutet hier mit seiner Kernthese vom *östlichen Ursprung des Monotheismus* auf die transreligiösen aber auch transkulturellen Verflechtungen vor der Renaissance.

Ähnlicher Ansicht sind Ilija Trojanow und Ranjit Hoskoté. Den beiden Autoren zufolge lassen sich die wichtigsten westlichen Werte, Technologien und

---

64 Siehe hierzu Ludwig, Walther: ‚*Zukunftsvoraussagen in der Antike, der frühen Neuzeit und heute*'. In: *Zukunftsvoraussagen in der Renaissance*. Hrsg. von Bergdolt, Klaus / Ludwig, Walther. Wiesbaden: Harrassowitz 2005, S. 9–64. Ludwig zufolge hätte z. B. die Astrologie in der frühen Neuzeit und der Gegenwart keine große Bedeutung erlangt, „wenn sie nicht in der Renaissance durch Humanisten akzeptiert und so Teil der Überzeugungen der Gebildeten und von da auch des Volkes geworden wäre." (S. 16.) Die Renaissance sei die Zeit, in der über die Akzeptanz oder Ablehnung bestimmter Werte entschieden wurde, deren Auswirkungen bis in die Gegenwart spürbar seien. (vgl. S. 64.)

65 Winkler, Heinrich August: *Geschichte des Westens. Von den Anfängen in der Antike bis zum 20. Jahrhundert*. München: Beck 2009, S. 25. Hervorhebung im Text.

kulturellen Errungenschaften bis in den Mittelmeerraum des 9. bis 15. Jahrhunderts zurückverfolgen, vor allem in den muslimischen Raum Al-Andalus auf der iberischen Halbinsel, in das arabisierte Sizilien und in das italienische Handelszentrum Venedig als kosmopolitisches Zentrum.[66] Diese Orte waren die Wiegen der Mathematik, Physik, Chemie, Astronomie, Philosophie, Medizin und Poesie. Es waren Räume von Begegnungen, von fruchtbarem ‚Kulturaustausch‘, also allesamt Orte des wechselseitigen inter- und transkulturellen Lernens.[67] Westliche Gelehrte wie Leonardo da Vinci und Kopernikus wurden von islamischen Denkern wie Azarquiel (Az-Zarquālī), al Bāttanī, Avicenna (Ibn Sīnā) oder auch Averroes (Ibn Rušd) stark inspiriert. George Saliba, palästinensischer Islamwissenschaftler weist auf diese Interaktionen in seinem Buch *Islamic Science and the Making of the european Renaissance* hin und betont, dass Kopernikus in seinen astronomischen Arbeiten sehr viel vom arabischen Astronomen Ibn al- Shātir inspiriert wurde: „If one were to compare Copernicus's model for the planet Mercury of ibn al-Shātir, and if one were to allow for the simple mathematical transposition from geocentrism to heliocentrism and vice versa, one will be struck by the similarities between the works of the two astronomers" heißt es bei Saliba.[68] Genauso bediente sich Vasco da Gama arabischen Seekarten und Kompassen, als er zwischen 1497 und 1499 Afrika umsegelte und nach Indien gelangte.[69] In diesem Zusammenhang merkt der Kulturwissenschaftler Anil Bhatti zu Recht an, dass Kulturen als Resultat von immer neuen Schichtungen

---

66 Vgl. Trojanow, Ilija / Hoskoté, Ranjit: *Kampfabsage. Kulturen bekämpfen sich nicht – Sie fließen zusammen.* München: Karl Blessing 2007, S. 13.

67 Siehe hierzu Musall, Frederike: *Bücher der Erkenntnis. Einige Überlegungen zum Einfluss Al-Gazālīs auf Maimonides.* In: Transkulturelle Verflechtung im mittelalterlichen Jahrtausend. Europa, Ostasien, Afrika. hrsg. von Borgolte, Michael / Tischler, Matthias M., Darmstadt: Wissenschaftliche Buchgesellschaft 2012, S. 241–256. Musall zeigt präzise die wechselseitigen Momente zwischen dem persisch-muslimischen Theologen und Philosophen Imām Abū Hāmid al-Gazālī (1058–1111) und dem andalusisch-jüdischen Rechtgelehrten und Philosophen Rabbi Moses Maimonides (1138–1204). Siehe auch Hübner, Wolfgang: *Astrologie in der Renaissance.* In: Zukunftsvoraussagen in der Renaissance, op. cit. S. 241–279. Hübner weist darauf hin, dass die astrologischen Werke des berühmten Abū Ma'sar bereits im 12. Jahrhundert ins Lateinische übersetzt wurden. (S. 246.)

68 Saliba, Georg: *Islamic science and the making of the European renaissance.* Cambridge, Mass: MIT Press 2007, S. 206f.

69 Vgl. ebd., insbesondere im 3. Kapitel seines Buchs verweist Saliba auf die Überlappungen der Werte zwischen griechischer und islamischer Tradition.

wie in einem Palimpsest zu begreifen seien.[70] Bhatti erläutert seine Auffassung damit, dass Kulturen sowie Traditionen Indiens ein synkretistisches Zusammenspiel von arabischen, arischen, mongolischen, türkischen und nicht zuletzt drawidischen zivilisatorischen Beiträgen seien.[71]

Die Überlappung von Werten lässt sich auch in der Kunstgeschichte in Form von fruchtbaren Auseinandersetzungen mit anderen Kunstformen beobachten. Viele Künstler wurden durch die künstlerische Vorstellungskraft von fremdem Werken inspiriert. Diese Werke wurden dann transformiert, aus dem ursprünglichen Zusammenhang gerissen und erhielten somit einen neuen Sinn.[72] Berühmte europäische Maler des 20. Jahrhunderts wie Pablo Picasso, Georges Braque, Henri Matisse, André Derain und Maurice Vlaminck ließen sich von afrikanischen Kulturgegenständen inspirieren und glaubten, in diesen Objekten aus der Ferne ein Hilfsmittel gefunden zu haben, um künstlerische Formen ihrer Zeit zu reformieren.[73] Diese Künstler kannten die ästhetische Bedeutung sowie den sakralen Charakter westafrikanischer Statuen und Masken nicht. Ihre Begeisterung fokussierte lediglich die Ausdruckkraft sowie die Stilisierung von Körper und Raum. Sie nahmen den künstlerischen Gehalt afrikanischer Kunstobjekte auf und revolutionierten damit ihre eigene Kultur.[74] Hier lässt sich mit Bärbel Küster behaupten, dass das damalige Interesse von Matisse und Picasso an Objekten fremder und alter Kulturen in ein weitreichendes Konzept interkulturellen Vergleichens eingebettet ist, das nicht nur für die Kunstkritik um 1900, sondern auch für Museen und bildende Künstler in dieser Zeit grundlegend den Umgang mit fremden und alten Kulturen bestimmte.[75]

Doch bleiben wir nicht nur in der Vergangenheit. Denn im Zuge der Globalisierung und Internationalisierung kristallisiert sich ein Ineinanderfließen von Werten und Kulturen in fast allen Schichten der gegenwärtigen Gesellschaft heraus. In einem Beitrag mit dem Titel: „'I like to be in America' – Zur

---

70 Bhatti, Anil: *Nicht-hermeneutische Wege in der Toleranzdiskussion*'. In: *Kulturen des Dialogs*, op. cit., S. 29–41, S. 36.

71 Vgl. ebd.

72 Vgl. Trojanow / Hoskoté, S. 24.

73 Vgl. Jongbloed, Marjorie (Hrsg.): *Entangled. Annäherungen an zeitgenössische Künstler aus Afrika*. Köln: Moeker Merkur 2006, S. 31.

74 Vgl. Trojanow / Hoskoté, S. 24.

75 Vgl. Küster, Bärbel: *Matisse und Picasso als Kulturreisende. Primitivismus und Anthropologie um 1900*. Berlin: Akademie 2003, S. 95.

‚Amerikanisierung' deutscher Alltagskultur nach 1945"[76] zeigt der Kultur-wissenschaftler Kaspar Maase wie deutsche Lebenswelten der Gegenwart von amerikanischen Gepflogenheiten durchdrungen sind. Maase zufolge machten sich Menschen amerikanische Antworten auf die Herausforderungen des Lebens in der Moderne zu Eigen. Der *American way of life* bilde eine Art Warenhausangebot von Mustern, wie man in einer durchkapitalisierten, konkurrenzgetriebenen, massendemokratischen Gesellschaft mit Arbeit, Freizeit und Konsum umgehen könne.[77] Maases Fazit, Kultur als transnationale Matrix zu begreifen, ist für unseren Ansatz des transkulturellen Lernens deswegen anschlussfähig, insofern man heutzutage nicht nur zwischen Deutschland und Amerika, sondern weltweit von einer gemeinsamen Matrix kultureller Orientierung sprechen kann. Diese Matrix ist keineswegs homogenisierend, sondern ermöglicht durchaus divergente nationale oder regionale Entwicklungspfade.[78] Hier seien zwei Beispiele angeführt:

a. Fokussiert man die weltweite Hip-Hop-Kultur, so lässt sich eine *Entgrenzung* der Jugendlichen feststellen, die drei Gründe haben kann: Erstens ist Hip-Hop eine *hybride Kultur*, d. h. sie ist durch kulturelles Spannungsfeld zwischen afroamerikanischer ‚Ghetto-Kultur' und lokaler Kulturtradition sowie zwischen US-amerikanischer Popkultur und der Herkunftskultur der Jugendlichen geprägt.[79] Als *zweiter* Grund dieser Entgrenzung kann die ‚Welthaltigkeit' der Songtitel genannt werden, welche aktuelle Themen aus der Weltpolitik als Grundlage haben. *Drittens* teilt die Hip-Hop-Kultur, mit dem Tübinger Amerikanisten Horst Tonn gesprochen, über nationale Grenzen hinweg ein tiefes Misstrauen gegenüber allen Formen von etablierten und institutionell formierten Wissen. Tonn Zufolge wolle Hip-Hop gleichsam Kunst und Bildung, Unterhaltung, Politik und Religion in ihrer bestehenden Form ersetzen und selbst an deren Stelle treten.[80]

---

76 Maase, Kaspar: '*I like to be in America*' – Zur ‚Amerikanisierung' deutscher Alltags-kultur nach 1945. In: *Amerikanisierung – Globalisierung. Transnationale Prozesse im europäischen Alltag*. Hrsg. von Bechdolf, Ute [u. a.]. Trier: wissenschaftlicher Verlag Trier 2007, S. 31–48. Siehe auch: Linke, Angelika /Tanner, Jakob (Hrsg.): *Attraktion und Abwehr. Die Amerikanisierung der Alltagskultur in Europa*. Köln: Böhlau 2006.

77 Maase, Kaspar op. cit. S. 35.

78 Ebd. S. 36.

79 Vgl. Klein, Gabriele / Friedrich, Malte: *Is this real? Die Kultur des Hip-Hop*. Frankfurt a. M.: Suhrkamp 2003, S. 9.

80 Tonn, Horst: *Hip-Hop – Zur Adaptation schwarz-amerikanischer Jugendkultur in Deutschland*. In: *Amerikanisierung – Globalisierung* op. cit., S. 49–63, S. 56f.

b. Mit einem aufmerksamen Blick auf gegenwärtige Entwicklungen der Gesellschaft gewinnt man leicht den Eindruck, dass ganze Industrien – Medienunternehmen, Marketingfirmen, Konsumgüterkonzerne, Versandhäuser etc. – einen unablässigen Strom von Produkten generieren, die den Inhalt der Populärkultur ausmachen und ihre Verbreitung in der Konsumgesellschaft erst möglich machen.[81] Im Zuge dessen werden aktuelle afrikanische Mode, Kleidungsstücke, Begrüßungsrituale, oder religiöse Praxen nicht mehr ‚typisch afrikanisch', keineswegs mehr ‚typisch französisch', sondern von Zeichen außerafrikanischer und außerfranzösischer Codes absorbiert und transformiert, also von synkretistischen Elementen geprägt. Überall lassen sich europäische Modelle, asiatische Formen, amerikanische Styles finden. Auch in Europa lassen sich synkretistische Kleidungsformen, aber auch Sprachformen – insbesondere bei Jugendlichen – feststellen. Die Linguistin Heike Wiese analysiert sprachliche Merkmale der neuen Jugendsprache aus einer multiethnischen Perspektive (Türkisch, Kurdisch, Deutsch, etc.) und zeigt dabei auf, dass *Kiezdeutsch* mit seinen neuen sprachlichen Formen und Konstruktionsmustern grammatische Innovationen, wie z. B. „ischwöre", einen Neuzugang ins Deutsche darstellt.[82] Wiese definiert *Kiezdeutsch* als einen Sprachgebrauch im Deutschen, der sich unter Jugendlichen aus multiethnischen Gebieten wie Berlin-Kreuzberg, in denen viele mehrsprachige Sprecher/innen leben, entwickelt hat.[83]

Aus dem Gesagten lässt sich schlussfolgern, dass die kulturellen Werte Europas und Afrikas von einem durchgängigen Wertewandel geprägt sind, der durch das Ineinanderfließen von Werten aus der ganzen Welt geformt wurde und immer noch geformt wird.

3. Konflikthaftigkeit von Werten

Der oben dargestellte Zusammenfluss verschiedener Werte führt unausweichlich zu Reibungen und Widersprüchen, aus denen die *Konflikthaftigkeit* von Werten resultiert. Konflikthaftigkeit bedeutet hier kein *Clash*, wie Samuel Huntington es propagierte. Sie besagt, dass wir auf dem Basar der verschiedenen Werte mit Dissonanzen und Disharmonien, mit Missverständnissen oder sogenannten

---

81 Vgl. Hecken, Thomas: *Theorien der Populärkultur. Dreißig Positionen von Schiller bis zu den Cultural Studies.* Bielefeld: Transcript 2007, S. 7.
82 Wiese, Heike: *Kiezdeutsch. Ein neuer Dialekt entsteht.* München: Beck 2012, S. 104f.
83 Vgl. ebd., S. 12f.

Critical incidents rechnen müssen, weil Werte und Traditionen als heterogenes Ensemble und somit keineswegs als eindeutige, monolithisch- essentialistische Kategorien erfassbar sind. In diesem Zusammenhang plädiert der Literaturwissenschaftler Jürgen Wertheimer für die Erforschung einer präzisen Grammatik des Missverständnisses, bei der es nicht nur um eine Kultur des Zuhörens und des Konsensbildens gehe, sondern in gleichem Maße auch um eine Kultur des Aussprechens von Differenzen und der kontrollierten Dissensbildung sowie des Ertragens offener Verläufe.[84]

Sucht man nach einer Begründung für dieses Plädoyer, so genügt ein nüchterner Blick auf unsere heutige Gesellschaft: Oftmals tut sie sich schwer mit der Akzeptanz und dem Ertragen von Un-Eindeutigkeiten, von unscharfen Elementen. Es ist, als ob wir in der Gegenwart immer noch nicht bereit wären, uns auf „offene Verläufe" einzustellen, obwohl die Globalisierung und die damit einhergehende Migration uns mehr denn je mit Fragen der Hybridität und der Heterogenität konfrontiert. Wir alle wollen eine ökonomische Globalisierung, eine Internationalisierung in fast allen Bereichen. Gleichzeitig machen manche eine Art Rollback, wenn es um zwischenmenschliche Werte geht. Termini wie z. B. *Grundwerte* oder *Leitkultur* werden ab und an agitiert und führen oft zu Verhärtungen und Frustrationen. Der Romanist Frank Baasner weist präzise auf diese Problematik wie folgt hin: „Von den Grundwerten einer Gesellschaft zu reden birgt die Gefahr, vorschnell an statische Identitäten zu denken, so als wären die heute in unseren Gesetzen verankerten und in der Gesellschaft gelebten Werte nicht ein Ergebnis langer historischer Prozesse und stetem Wandel unterworfen."[85] Daraus lässt sich ableiten, dass Werte keine allgemeingültigen Kategorien sind, sondern nach Kontexten und Einbettungsdimensionen der Gesprächspartner zu interpretieren sind. Denn in einer polyzentrischen Welt mit flüssigen und überlappenden Grenzen gibt es eher Widersprüche und Konflikte zwischen verschiedenen Weltentwürfen und Zukunftsprojektionen.[86] Werte sind also keine festgefahrenen, keine rigoros festgelegten Elemente, sondern unterliegen ständig einem Wandel je nach Zeit, Gesellschaften, Kulturen und Generationen. Diese Abhängigkeit von Werten gilt es stets in den Blick zu nehmen und kann als Begründung einer permanenten Präsenz von Streit, Reibungen und Konflikten in Fragen der Werte geltend gemacht werden.

---

84 Vgl. Wertheimer, Jürgen: *Vom ‚Dialog der Kulturen' zu den ‚Kulturen des Dialogs'* In: *Kulturen des Dialogs*, op. cit. S. 11–19, S. 16.

85 Prange, Peter [u.a.]: *Werte. Von Plato bis Pop. Alles, was und verbindet.* München: Droemer 2006, S. 736.

86 Vgl. Bhatti, op. cit. S. 37.

In einem Aufsatz[87] stellen Aleida und Jan Assmann bezüglich der Begriffe *Kultur* und *Konflikt* die These auf, wonach beide Termini „[...] nur auf den ersten Blick schroffe Gegensätze [seien]. Bei näherem Zusehen scheinen sie untrennbar ineinander verflochten [...]. Denn Kulturen organisieren nicht nur die Formen und Rahmenbedingungen kommunikativen, sondern auch des unkommunikativen Handelns."[88] Damit demonstrieren beide Autoren die „Utopie einer konfliktlosen Gesellschaft"[89] und kommen zu dem Fazit, dass Konflikt sein Pathos als umstrittener Kulturwert verloren habe und zu einer alltäglichen Bedingung des Lebens geworden sei.[90] Aufgrund dessen plädieren beide für einen Perspektivenwechsel, den sie mit dem Konzept des „Gegenseitigkeitshandelns" oder auch des „Korrespondierenden Verhaltens" erfassen. Darunter verstehen beiden Autoren ein „Interaktionsmuster, das die (rationale oder strategische) Perspektive der einen Seite transzendiert und die komplementäre Disposition der Gegenseite mit in den Blick fasst."[91] In diesem Zusammenhang, so die beiden Autoren weiterführend, wäre der Begriff des Dialogs zu eng, weil es weniger um eine Theorie gegenseitigen *Verstehens* als um eine Praxeologie der *Verständigung* im Sinne eines gegenseitigen Arrangements gehe:

> Die Frage ist nicht primär die nach einer gemeinsamen Wahrheit, in der man sich trifft, nach Konsens der Urteile oder Fusion der Horizonte, noch geht es um eine Ethik, die auf der metaphysischen Alterität des Anderen gründet. Die Frage ist allgemeiner und lautet: Wie laufen komplementäre Beziehungen ab? Welches sind die Umstände, Bedingungen und mutuellen Determinierungen des Gegenseitigkeitshandelns?[92]

Mit diesen Fragen könnte sich ein Bewusstseinswandel in Richtung einer „Kultur des Konflikts" anbahnen, d. h. auf eine Praxeologie des Gegenseitigkeitshandelns, die situativ, mutuell und nach vorne offen sei.[93]

Die Anschlussfähigkeit dieser Ausführungen für unseren Ansatz des transkulturellen Lernens liegt nicht nur im dem Prinzip des Gegenseitigkeitshandeln, das ein wichtiges Fundament bildet, wie im ersten Kapitel mit Amos Oz und Zygmunt Baumann erläutert wurde. Diese Ausführungen deuten auch – und

---

87 Assmann, Aleida / Assmann, Jan: *Kultur und Konflikt. Aspekte einer Theorie des unkommuni-kativen Handelns.* In: Kultur und Konflikt. Hrsg. von Assmann, Jan / Harth, Dietrich, Frankfurt a. M.: Suhrkamp: 1990. S. 11–48.
88 Assmann, Aleida / Assmann Jan, S. 13.
89 Ebd., S. 31.
90 Ebd., S. 36.
91 Ebd., S. 36.
92 Ebd., S. 38.
93 Ebd., S. 38.

das ist äußerst evident – auf eine Prämisse des transkulturellen Lernens: nämlich auf die Erkenntnis, dass *Konflikt und Kultur zusammengehörig und ineinander verwoben sind*. Darüber hinaus ließe diese Liaison zwischen Kultur und Konflikt sich mühelos auf die Beziehung zwischen *Werte* und *Konflikte* übertragen, weil Werte den Kern kultureller Systeme bilden.[94] Hier sei ein Beispiel angeführt: Im Rahmen des Tübinger Projekts *Wertewelten* wurde im Jahr 2010 einen internationalen Wettbewerb mit der Fragestellung „*Nach welchen Werten leben wir?*" organisiert. Ziel war es, Aspekte kultureller Handlungsweisen und Gefühlsäußerungen in verschiedenen Ländern der Welt zu erkunden. Dabei sollten die Bewerberinnen bzw. die Bewerber in einem kurzen Aufsatz skizzieren, warum Menschen in ganz konkreten Lebenslagen und Situationen so und nicht anders agieren und welche Regeln ihren Entscheidungen zugrunde liegen. Bei der Bewertung der Aufsätze stellte sich heraus, dass bereits das Verständnis des Begriffs „Werte" problematisch ist.[95] Diese Bestandaufnahme soll hier zeigen, wie die Wahrnehmung eines scheinbar universellen Werte-Konzeptes doch überraschende Divergenzen generieren kann, so dass sowohl Konsens als auch Dissens – oder soll man sagen, mehr Dissens – sich als existentielle Kategorien des Lernprozesses erweisen. Vor allem im Zeitalter der Globalisierung sind individuelle sowie kollektive Wertgefüge, Traditionen sowie Riten weltweit so vielfältig und vielschichtig, dass ein auf Respekt basierendes Zusammenleben verschiedener Menschen nicht ohne Reibungen vorstellbar ist. Hier seien noch einige Beispiele angeführt, welche die hier besagte Konflikthaftigkeit der Werte illustrieren:

- Was in Afrika oder in fernöstlichen Ländern als der Superlativ von Respektbezeugung betrachtet wird, kann in Europa als Inbegriff von Respektlosigkeit bzw. Zeichen von Nichtanteilnahme eingestuft werden: In Europa wirkt das Schweigen mitten in einem Gespräch oft abweisend oder hemmend. Man hackt, fragt nach. Das Stichwort *Streitkultur* ist meines Wissens kein Negativum, kein gefährliches Gut, sondern wird von den Gesprächspartnern vorausgesetzt und gefordert. Nicht dasselbe darf man in nachöstlichen Ländern erwarten. Schweigen ist hier in vieler Hinsicht ein geschätztes Mittel des Dialogs. Bei japanischen Schülern und Studenten sind längere Schweigeeinheiten, zögerliche Artikulation und restriktive Codes zu finden.

---

94 Vgl. Lüsebrink. Hans-Jürgen, *Interkulturelle Kommunikation*. Stuttgart/Weimar: Metzler 2005, S.18.
95 Siehe die 10 prämierten Texte in *Normen, Standards, Werte – was die Welt zusammenhält*. Hrsg. von Assmann / Baasner / Wertheimer. Baden-Baden: Nomos: 2012, S. 195–227.

Im akademischen Bereich herrscht in nachöstlichen Ländern ein anderer Diskurs als in Deutschland und dazu gehöre ein diskursiv bedeutungsvolles Schweigen.[96] Nach einem Vortrag schweigt man für eine Weile, nicht weil der Vortrag einem nicht gefallen hätte oder man ihn nicht verstanden hätte, sondern um dem Vortragenden Respekt zu zollen und zu zeigen, dass der Vortrag nicht banal oder lapidar gewesen ist.[97] Dem japanischen Literaturwissenschaftler Teruaki Takahashi zufolge sei unausgesprochene Mitteilungen ein Mittel des interkulturellen Dialogs. Die Regel, so erläutert Takahashi seine These, sei, dass man beim angemessenen Gesprächs- und Kontaktverhalten auf die unausgesprochene Mitteilung großen Wert lege und nicht gleich expressis verbis seine Aussagen treffe, sondern beim Gesprächspartner eine feine Sensibilität und somit einen ethischen und ästhetischen Sinn dafür erwarte, was der andere fühle und denke, ohne es ausdrücklich zur Sprache zu bringen.[98]

- Das chinesische Verständnis des Begriffs *Menschenrecht* unterscheidet sich von den Funktionsbedingungen dieses Begriffs in westlichen Ländern. Unsere individuellen Einstellungen zu *Gerechtigkeit* lassen sich nicht in einem einzigen kanonartigen Verständnis ‚bändigen'. Unser Verständnis von *Demokratie* in Deutschland ist nicht unbedingt identisch mit den Einstellungen zu diesem Begriff in den arabischen Ländern. In Libyen, um ein Beispiel von Nadim Oda anzuführen, ist es gefährlich, das Wort „Demokratie" bei den Wahlen der Volkskomitees zu gebrauchen. Anstelle von „Wahl" wird von „Erhebung" gesprochen, denn die Bürger dürfen den westlichen Begriff „Demokratie" nicht benutzen, sonst würden sie Vergleiche anstellen, Dinge hinterfragen und den Machthabern damit Kopfzerbrechen bereiten. Um dies zu vermeiden, ersetzt man den westlichen Begriff durch eine eigene, mit regionaler Bedeutung konnotiertem Terminus, nämlich „Erhebung".[99]

---

96 Vgl. Heselhaus, Herrad: ‚*Schweigen Japanisch – Deutsch'*. In: Kulturen des Dialogs, op. cit. S. 67–72, S. 68.

97 Vgl. ebd.

98 Vgl. Takahashi, Teruaki: ‚*Unausgesprochene Mitteilungen im japanischen Dialog'*. In: *Kulturen des Dialogs*, op. cit. S. 151–158, S. 157f.

99 Vgl. Oda, Nadim: ‚*Verrucht und chaotisch. Was Menschen in der arabischen Welt mit dem Begriff Demokratie verbinden'*. In: *Zeitschrift Kulturaustausch. Ausgabe III*, 2008, S. 22–23, S. 23.

4. Filmtrailer „Innocence of Muslims": Krise der Wahrnehmung?

Was sich gegenwärtig zwischen der islamischen und der euroamerikanischen Welt abzeichnet, lässt sich als eine *Krise der Wahrnehmung* bezeichnen. Diese Krise ist gefährlicher als die Finanzkrise, weil sie nicht durch Rettungsschirme, ökonomische Justierungsstrukturen oder ausgeklügelte Sparmaßnahmen getilgt werden kann. Diese Wahrnehmungskrise kann u. a. durch eine gezielte Erziehung des postmodernen Menschen gelöst werden. Über die Wege einer solchen Erziehung werden wir später zu sprechen kommen. Zunächst soll am Beispiel des im September 2012 viel medialisierten Filmtrailers „Innocence of Muslims" analysiert werden, worin diese Krise bestünde.[100] Der Hauptdarsteller des Filmabschnitts gibt an, er sei der Prophet Mohammed, der – so die Pointe der laienhaften Inszenierung – sexuell besessen und, blutrünstig ist und Massaker an schuldlose Kinder anordnet. In der entflammten Debatte, ließ sich herauslesen, dass die Laienhaftigkeit des Films auf nichts anderes abzielt als auf eine Provokation.

Jedoch drängen sich folgende Fragen auf: Wie lässt sich erklären, dass solch ein Filmtrailer für einen derartigen großen Aufruhr sorgte und eine flächendeckende Wut auslöste, die bis zum Mord und zum Zerschießen von westlichen Institutionen mündete? Wie kommt es, dass diejenigen Länder (z. B. USA, Deutschland), die eine nicht minder wichtige Rolle in dem Absturz von grausamen Diktatoren und somit in der ‚Befreiung' von jenen Völkern (sei es durch Interessenskalkül oder nicht) im „Arabischen Frühling" plötzlich durch einen 14-minütigen Filmausschnitt in *Terra non grata* diskreditiert wurden? Sollte man annehmen, die Gefahr besteht immer noch, dass die Verhältnisse zwischen den westlichen Ländern und dem Islam, statt sich zu verbessern, sich vielmehr in einen desolat verschütteten Zustand zu verwandeln drohen? Wäre die Schnittstelle Islam und euroamerikanische Länder ein Pulverfass geworden, das jeder Zeit eine Welterschütterung auslösen kann? In diesen Fragen offenbart sich die grundsätzliche *Krise der Wahrnehmung*, die das Verhältnis arabischer Länder aber auch afrikanischer Länder zum Westen problematisiert. Krise, weil viele westafrikanische Länder (Somali, Nigeria, Mali, Sudan) oder nordafrikanische sowie arabische Länder (Algerien, Tunesien, Ägypten, Irak, Jemen, Syrien)

---

100 Vgl. Hess-Lüttich, Ernest: *Karrikaturen-krise. Eine Mediendebatte über Islam-Satire.* In: *Zwischen Provokation und Usurpation. Interkulturalität als (un)vollendetes Projekt der Literatur- und Sprachwissenschaften.* Hrsg. von Heimböckel, Dieter [u.a.], München: Fink 2010, S. 163–189.

heutzutage von noch nie dagewesen Angst und Ressentiments geprägt sind. Viele ihrer Bürger verharren bedauerlicherweise in einem latenten oder sichtbaren Zustand der Rivalität und Konfrontation mit dem USA und dem Westen. Tzvetan Todorov nennt dies einen „Teufelskreis" und stellt fest: „Jeder Schlag von einem der Kontrahenten löst beim anderen einen noch stärkeren aus."[101] Eine Lösungsannäherung dieser Krise scheint ohne Aufklärung, ohne adäquates Wissen über andere Kulturen nicht möglich zu sein.

Selbstverständlich können hier keine endgültigen Patentrezepte für die Überwindung dieser Krise angeboten werden. Jedoch will ich versuchen, eine Erklärung zu finden: Der Titel des Films lautete „Innocence of Muslims". Merkwürdigerweise wurde diese Überschrift in vielen Medien als „Die Unschuld der Muslime" übersetzt. Bei genauerem Hinsehen greift diese Übersetzung zu kurz. Denn wer auch immer hinter diesem Film stand, wer auch immer ihn finanzierte und förderte, hatte nicht die Unschuld der Muslime vor Augen, sondern die Leichtsinnigkeit, ja die Ignoranz von muslimischen Extremisten. Denn man war sich wohl dessen bewusst, dass viele, die protestieren werden, sich keinesfalls die leichte Mühe gemacht hatten den Trailer anzuschauen, ehe sie wild überreagierten. Das schmerzhafte Resultat dieser Leichtsinnigkeit ließ nicht lange auf sich warten: Extremisten und ihre Gruppierungen hatten einen Nährboden und einen wie angegossen passenden Anlass für bereits länger geplante Aktionen gegen den Westen gefunden. Der Plan extremistischer Gruppierungen zielt darauf, im Sinne Sigmund Freuds, „[...] den Wert des Lebens herabzudrücken und das Bild der realen Welt wahnhaft zu entstellen [...]"[102] Die Bombenanleger beim Boston Marathon im April 2013 hatten nichts anderes im Sinne als das Leben der an diesem berühmten internationalen Wettbewerb Teilnehmenden sowie der Zuschauer auszulöschen. Ähnlich wie Freud traf der nigerianische Romancier und Literaturnobelpreisträger Wole Soyinka in seinem Tübinger Vortrag am 12. Juni 2013 mit dem Titel *The End of Borders and the Last Man. Excursions in virtual Reality* an der Universität Tübingen eine frappierende Aussage:

I have in mind those noisome extremists who despise the moral, imaginative and scientific intelligence that man constantly demonstrates, who kill and maim in claimed fidelity to the narrow and corrupted access to what they insist in Divine Law. Mind you, they are not themselves altogether devoid of knowledge. They have leant how to set ambushes for school pupils on their way from sitting examinations, know how to tie their hands behind their backs, together with their teachers, slit their throats one by one, sometimes together with their school principal, as a lesson to all who aspire to knowledge and

---

101   Todorov, Tzvetan, *Die Angst vor den Barbaren*, op. cit, S. 254.

102   Freud, Sigmund: *Das Unbehagen in der Kultur*. Frankfurt a. M.: Fischer 1938, S. 116.

human upliftment. [...] Their view of humanity however is one of total circumscription, the subjugation of that humanity to the limitations of arbitrary borders, even as the rest of the world seeks to erase them.[103]

Soyinka bringt hier auf den Punkt, wie die sogenannten „Gotteskrieger" eine Unordnung des Lebens durch ihre gewaltvollen Aktionen gestalten.

Kurz nach Beginn der Krawallen um den Mohammed-Film behauptete der Islamwissenschaftler und Terrorismusexperte Guido Steinberg in einem Interview mit der ARD, es gehe nicht um den Film, sondern vielmehr darum, dass in den arabischen Ländern das permanente Gefühl vorherrsche, gegenüber den Westen kulturell in der Defensive zu sein. Denn viele Muslime empfänden, dass sie nicht nur mit einem politischen und militärischen Angriff zu kämpfen hätten, sondern gegen einen vom Westen auf Ihre Identität gerichteten kulturell-religiösen Angriff.[104] Die Plausibilität dieser Einschätzung liegt darin, dass die Frage des Kulturellen und der damit einhergehenden Identität der Menschen zwischen Orient und Okzident tatsächlich einen stichhaltigen Beweggrund für diese Tumulte sein können. Es ist eine existenzielle Frage der kulturellen Herausforderung, der Aus- und Verhandlung von Werten, eine entscheidende Frage, insofern als sie sich um die Wahrnehmung kultureller Denk- und Handlungsmuster kreist. Diese Wahrnehmungskrise beschränkt sich nicht auf die Beziehung zwischen Orient und Okzident, sondern überschattet gegenwärtig auch die Beziehungen zwischen Afrika und den Westen. Die in Nigeria ansässige Gruppe, von der Wole Soyinka spricht, heißt *Boko Haram,* was etwa *Verbot von westlicher Erziehung* bedeutet. Dieser Name ist Programm und zeigt, dass die Krise der Wahrnehmung auch die Frage der Bildung von Kindern und Jugendlichen mit einschließt. Diese verkehrte Wahrnehmung beschreibt Soyinka in seinem Vortrag minutiös wie folgt:

Schools are haram – that is, taboo. All teaching is anathema except what is lodged in the selective, indeed distorted reading of the Koran. The princip of 'catching them young' has been embraced, but only in that perverted form of catching the young mind before it crosses that sacrosanct border to knowledge – catching them young, then terminating their existence.[105]

---

103 Soyinka, Wole: *The End of Borders and the Last Man: Excursions in Virtual Reality.* In: Grenzen. Hrsg. von Assmann, Heinz-Dieter/ Baasner, Frank / Wertheimer, Jürgen. Baden-Baden: Nomos 2014, S. 295–312, S. 300.

104 http://www.tagesschau.de/ausland/interviewsteinberg102.html (11.3.2014)

105 Soyinka, Wole: *The End of Borders and the Last Man: Excursions in virtual Reality,* op. cit., S. 307f.

Diese Terrorgruppe überzieht das ganze westafrikanische Land Nigeria mit Gewaltorgien, mit Geiselnahmen von Schulmädchen (wie im April 2014 der Fall war) und lässt westliche Institutionen in ihr Fadenkreuz geraten. Genauso wurde die ganze Welt erschüttert vom Verbrechen seitens der Islamistischen Rebellen des westafrikanischen Landes Mali. Diese verbrannten die Ahmed-Baba-Bibliothek in der Stadt Gao und zerstörten viele Denkmäler, die von der UNESCO als Weltkulturerben gewürdigt wurden.

Der gemeinsame Nenner für all diese Konfliktszenarien scheint der Kampf gegen eine kulturelle Verwestlichung zu sein. Damit geht, wie Bassam Tibi es auf den Punkt bringt, eine „Antinomie des Denkens" einher, d. h., dass diese Gruppierungen die Errungenschaften der Moderne wie z. B. westliche Technologie nicht nur akzeptieren, sondern sich ihrer bedienen. Gleichzeitig aber erteilen sie dem mensch-orientieren, rationalistischen Weltbild des modernen Zeitalters (Pluralismus, Toleranz, Säkularismus …) eine schroffe und kompromisslose Ablehnung.[106] In Bassam Tibis Worten:

> Fundamentalisten wollen sich durchaus die Errungenschaften des modernen Zeitalters aneignen, wenngleich sie [...] das rationalistische, mensch-orientierte Weltbild der Moderne zurückweisen. In diesem Versuch einer Synthese von vormodernen religiösen Vorschriften und willkürlich ausgewählten Elementen der Moderne, d. h. einer Gleichzeitigkeit von Ungleichzeitigem, liegt das zentrale Problem der Fundamentalisten [...] Sie träumen den *Traum von einer halben Moderne*.[107]

Um diesem gefährlichen Traum einen Riegel vorzuschieben, scheint es mir unabdingbar, die eigene kulturelle und religiöse Grenze zu überschreiten, um sich in das unvertraute „Andere" hineinzuversetzen. Hierzu kann und muss Literatur eine zentrale Rolle spielen.

---

106 Vgl. Tibi, Bassam: *Die fundamentalistische Herausforderung. Der Islam und die Weltpolitik*. München: Beck 1992, S. 43.
107 Ebd., S. 36, Hervorhebung im Text.

Kapitel III: Literatur – Experimentierfeld transkulturellen und transreligiösen Lernens

„Alles was es gibt, ist in ihr – Was nicht in ihr ist, gibt es nicht."
(Spruch aus dem indischen Epos Mahabharata)

1. Was kann Literatur bewirken?

Im Zusammenhang mit dem im Kapitel II aufgezeigten Skandal um den Film-trailer „Innocence of Muslims" geschah durch eine glückliche Koinzidenz, dass sowohl der emeritierte Papst Benedikt der XVI. sowie viele muslimische Stimmen wie zum Beispiel der ägyptische Autor Hamed Abdel-Samad, ein Appel dafür lancierten, die kollektive Erziehung zu Hass und Ignoranz in der Welt endlich zu stoppen.[108] Es stellt sich jedoch die Frage, wie dies zu bewerk-stelligen sein kann. Das vorliegende Buch vertritt die These, dass Literatur uns kraft ihrer Denkmöglichkeiten ein Reservoir an Wissen zur Verfügung stellt, welches einen entscheidenden Beitrag zu der besagten kollektiven Erziehung leisten kann. Diese Eigenschaft der Literatur offerierte eindrucksvoll Schiller in seiner Abhandlung *Über die ästhetische Erziehung des Menschen*. Schiller zufolge könne eine grundlegende Reform des Menschen im Bereich des Äs-thetischen bewirkt werden, weil sie den Menschen in seiner Totalität erfasse, „Weil nur aus dem ästhetischen […] Zustand der moralische sich entwickeln kann."[109]

Insofern scheint mir der Weg oder Umweg über die Kunst bzw. über das Literarische einer der wirkungsvollsten Kanäle zu sein, um die so drängende kollektive Erziehung in der Praxis voranzutreiben. Die Literatur der Welt bietet uns Figuren und Motive, deren Komplexität und Disparität den transkulturel-len Transfer affirmieren und neu zu verhandeln versuchen. In ungewöhnlicher

---

108 http://www.tagesschau.de/ausland/interviewabdel-samad100.html (12.3.2014)
109 Schiller, Friedrich: *Über die ästhetische Erziehung des Menschen in einer Reihe von Briefen*. Kommentar von Stefan Matuschek. Frankfurt a. M.: Suhrkamp 2009, S. 94. Schiller unterscheidet zwischen dem *physischen*, dem *ästhetischen* und dem *morali-schen* Zustand des Menschen: „Der Mensch in seinem physischen Zustand erleidet bloß die Macht der Natur; er entledigt sich dieser Macht in dem ästhetischen Zu-stand, und er beherrscht sie in dem moralischen." (S. 97).

Anschaulichkeit und Differenziertheit spiegelt Literatur Phänomene von ‚Crossing-over', von ‚Da- und-Dort-Sein', von Entgrenzung und Deterritorialisierung, von Frei-Setzung der Räume und Sprache durch, so dass ein Freiraum zu einer kognitiv-kritischen Auseinandersetzung mit unseren eigenen Haltungen geschaffen wird. Ich betone hier das Wort *Haltung*, denn mir scheint, dass Kunstwerke, vor allem literarische Werke wie Lessings *Nathan der Weise* oder Goethes *West-östlicher Divan* mit ihren synkretistischen, palimpsestartigen Inszenierungen genau diese Korrektur der Haltung der Protagonisten im Blick haben. Es geht in diesen Werken um die Bildung bzw. Herstellung einer mentalen Disposition, die sehr reich an Wechselwirkungen und Aushandlungen ist, also eine mentale Disposition zur *Ent-Radikalisierung*.

Auf diese Funktion der Ent-Radikalisierung weist auch Amos Oz, den wir bereits im ersten Kapitel zu Wort kommen ließen, hin. Oz' zufolge könne die Lektüre literarischer Werke eine partielle und beschränkte Immunität gegen Fanatismus leisten, weil Literatur durch das Injizieren von Vorstellungskraft ein Gegenmittel gegen Fanatismus enthalte.[110] In dieser Hinsicht lautet sein Rezept: „Lies Literatur, und du wirst von deinem Fanatismus geheilt sein".[111] Oz merkt zwar an, dass im Laufe der Geschichte viele Gedichte, Erzählungen und Dramen leider dazu benutzt wurden, um Hass oder nationalistische und sexuelle Selbstgerechtigkeit zu schüren. Dennoch glaubt er, dass einige literarische Werke bis zu einem gewissen Punkt helfen könnten. Um dies zu verdeutlichen, führt er u. a. Shakespeare an, bei dem jeder Extremismus, jeder kompromisslose Kreuzzug und jede Form von Fanatismus entweder in einer Tragödie oder Komödie endet. Der Fanatiker sei am Schluss nie glücklicher oder zufriedener, er sei entweder tot oder werde zur Witzfigur.[112]

In seinem Buch *Über Literatur* weist Walter Benjamin auf einen Schatz des Erzählens hin, der auch als Präventionsmittel gegen Radikalisierung interpretiert werden kann. Benjamin zufolge besitze das Erzählen „das Vermögen, Erfahrungen auszutauschen."[113] Dieser *Erfahrungsaustausch* kann insofern ein Hilfsmittel gegen Fundamentalisierung darstellen, als das Wort *Austausch* eine Öffnung zum anderen impliziert, eine Überwindung von Verabsolutierungen und Kompromisslosigkeit. Für Benjamin liegt dem Erzähler bzw. dem Erzählen eine „lebendig[e] Wirksamkeit" inne, die uns „keineswegs durchaus

---

110 Oz, Amos: *Wie kuriert man einen Fanatiker*, op. cit., S. 53.
111 Ebd.
112 Vgl. ebd.
113 Benjamin, Walter: *Über Literatur*. Frankfurt a. M.: Suhrkamp 1970, S. 33.

gegenwärtig" sei.[114] Demnach habe Literatur einen Wirkstoff, der zu einer kollektiven Erziehung gegen Radikalisierung und Fundamentalisierung beitragen kann.

Dem karibischen Dichter und Kulturtheoretiker Edouard Glissant zufolge liegt im Akt des Schreibens eine Kunst der Verschränkung von verschiedenen Werten und Welten.[115] In seinen Schriften propagierte er die Überlegung einer Kreolisierung der Welt sowie einer globalen Beziehung in literarischen Texten. Glissant geht von seiner Heimat, der Karibik, und ihrer spezifisch archipelischen Verfasstheit aus und stellt fest, dass sie ein Laboratorium der *Kreolisierung* ist. Diese Kreolisierung ist ihm zufolge keineswegs auf die Karibik beschränkt, sondern gilt als ein globales Phänomen zu betrachten, das alle Kulturen der modernen Welt durchdringt bzw. durchdringen soll.[116] Er kommt somit dem indischen Kulturtheoretiker Homi Bhabha nahe, der unser postkoloniales Zeitalter als hybrid und durchdrungen von transkulturellen Kategorien bezeichnet, die wiederum von ethnischen und sprachlichen Vermischungen erzeugt werden. Diese Diagnostik einer „articulation of culture's *hybridity*"[117] macht die etablierten Dichotomien, Symmetrien zunichte und stellt sich gegen Mythen der Reinheit sowie einer einzigen kulturellen ‚Authentizität'. Glissant geht jedoch über die Kultur-Ebene hinaus und fokussiert auch literarische Verflechtungen. Hierfür installiert er den Begriff der „Poétique de la Relation" *(der globalen Beziehungspoetik)*, den er wie folgt definiert: „[J]'appelle *Poétique de la relation* ce possible de l'imaginaire qui nous porte à concevoir la globalité insaisissable d'un tel chaos-monde […]."[118] – (Globale Beziehungspoetik ist ein Ergebnis des Fiktiven, das uns ermöglicht, die unermessliche und unfassbare Globalität unserer vielfältigen Welt wahrzunehmen [Übersetzung N.S.]). Edouard Glissant zufolge liegt im Akt des Schreibens eine Kunst der Verschränkung sowie des Sammelns von verschiedenen Orten. Er bekundet: „écrire, c'est rallier la saveur du monde"[119] – (Schreiben bedeutet, den Geschmack der Welt zu sammeln [Übersetzung N.S.]). Die Kraft der Literatur liegt demnach in einer Weltdarstellung und -herstellung, die sich in einer Verschränkung von diversen, sich teils bündelnden, sich teils konkurrierenden Stimmen mündet. Literatur wäre somit eine Schaubühne

---

114 Ebd.

115 Glissant, Edouard: *Traité du Tout-Monde. Poétique VI.* Paris : Gallimard 1997.

116 Ebd., S. 25.

117 Bhabha, Homi K.: *The location of culture.* London/New York: Routledge 1994. S. 38.

118 Glissant, Edouard, op. cit., S. 22. Hervorhebung im Text.

119 Glissant, Edouard, op. cit., S. 120.

von künstlerischen Überlappungen und Verschränkungen, von intertextuellen Erzählformaten sowie interkulturellen Motiven.[120]

Der gemeinsame Nenner all dieser Thesen über Literatur liegt darin, dass sie uns adäquates Wissen zur Verfügung stellen, um unsere eigene Haltung gegebenenfalls zu revidieren und neu zu justieren. Aufgrund dieses unermesslichen Schatzes an Wissen wird es nun darum gehen, am Beispiel einiger literarischer Werke zu illustrieren, wie durch literarische Inszenierungen transkulturelle und transreligiöse Öffnung experimentiert werden.

2. Goethes Experiment transkulturellen Lernens im *West-östlichen Divan*

Eine Literatur-Recherche über Goethes *West-östlicher Divan* zeigt, dass dieses epochale Werk bereits vielseitig erforscht wurde. Erstaunlich ist dennoch, dass es sehr wenige Studien gibt, deren Fokus auf die Transkulturalität des Divan-Projekts liegt. Wie es sich bei einer Veranstaltung im Rahmen des 200. Jubiläums des Divan in Stuttgart vom 23.- 25. Januar 2014[121] zeigte, scheinen alle Wissenschaftler, die sich mit dem Gedichtzyklus beschäftigt hatten, einer Meinung zu sein, nämlich dass Goethes transkulturelles Ziel noch nicht eingelöst sei. Auf diesen transkulturellen Aspekt möchte ich ein wenig eingehen, auch wenn ich hier aus Platzmangel nur einen kleinen Beitrag leisten kann.

Transkulturell ist der Divan, weil er ein Seismograph ist, ein Ansturm gegen ideologische, kulturelle und religiöse Grenzen, die einen frei denkenden und zwischen den Welten schwebenden, oszillierenden Menschen blockieren. Mit dem Divan unternimmt Goethe nichts weniger, als eine transkulturelle Öffnung zwischen orientalischer Werte und okzidentaler Elemente zu initiieren, wobei der Fokus auf den Menschen liegt. Lauschen wir Goethe und betrachten wir, wie er in der gewohnt didaktischen Manier sein Programm im eröffnenden Gedicht „Hegire" zündend formuliert:

Nord und West und Süd zersplittern,
Throne bersten, Reiche zittern,
Flüchte du, im reinen Osten
Patriarchenluft zu kosten!

---

120 Vgl. Sadikou, Nadjib: *Kunst der Verschränkung – Zur Konfluenz der Kulturen in europäischen Texten der Gegenwart*. In: Globale Kulturen – Kulturen der Globalisierung, op. cit, S. 123–133, S. 123.

121 http://www.dtf-stuttgart.de/bereiche/kunst-kultur/einzelveranstaltungen/2014/west-oestlicher-divan.html (9.3.2014).

Unter Lieben, Trinken, Singen
Soll dich Chisers Quell verjüngen.

Dort, im Reinen und im Rechten,
Will ich menschlichen Geschlechten
In des Ursprungs Tiefe dringen,
Wo sie noch von Gott empfingen
Himmelslehr' in Erdesprachen
Und sich nicht den Kopf zerbrachen.[122]

Goethe unternimmt hier eine Migration nach Osten und will dort „menschlichen Geschlechten / In des Ursprungs Tiefe dringen." Der Literaturwissenschaftler Henri Lichtenberger, der den Divan ins Französische übersetzte, markiert im Vorwort seiner Ausgabe Folgendes: „Dans le domaine de la poésie, de la morale, de la religion, le *Divan* s'efforce d'atteindre les phénomènes primordiaux, de s'élever jusqu'à une vérité *humaine*, tout à la fois occidentale et orientale, de découvrir les éléments constants de l'humanité éternelle."[123] Lichtenbergers zufolge versuche Goethe mit dem Divan hinsichtlich der Poesie, Moral und Religion, entscheidende Weltphänomene anzuschneiden, zu einer östlich wie westlich grundierten menschlichen Wahrheit zu gelangen und nicht zuletzt konstante Elemente einer ewigen Menschheit zu entdecken. Wir können festhalten, dass das Divan-Projekt die Erforschung menschlicher Werte, menschlicher Gedanken, Gefühle, Verhaltensweise und Manieren intendiert – mit dem Ziel, die Welt vorzuführen, dass es zwischen Okzident und Orient keinen *Clash* gibt, dass zwar Differenzen existieren, aber kein Zusammenprall vorherrscht. In den Noten und Abhandlungen schreibt Goethe Folgendes: „Der Dichter betrachtet sich als einen Reisenden. Schon ist er im Orient angelangt. Er freut sich an Sitten, Gebräuchen, an Gegenständen, religiösen Gesinnungen und Meinungen, ja er lehnt den Verdacht nicht ab, dass er selbst ein Muselmann sei."[124] Die Botschaft ist hier eindeutig: Mit dem Divan leitete Goethe die Ankurbelung eines transkulturellen Transfers zwischen Okzident und Orient ein, die Entdeckung der Verwandtschaften und Ähnlichkeiten zwischen Ost und West. Er unternahm die Rekonstruktion der verschütteten Beziehungen zwischen der islamischen und der westlichen Welt

---

122   Goethe, Johann Wolfgang: *West-östlicher Divan. Gesamtausgabe.* Besorgt von Hans-J. Weitz. Frankfurt a. M.: Insel 1972, S. 7.

123   Lichtenberger, Henri: *Goethe. Divan occidental-oriental.* Paris: Aubier [Editions Montaigne] 1940, S. 38. Hervorhebung im Text.

124   Goethe, op. cit., S. 408.

mittels poetischer Erkundung zu rekonstruieren und somit manche Verzerrungen der Islam-Bilder einer Korrektur zu unterziehen. Hier seien zwei markante Beispiele dieser Orient-Verzerrung, die Goethe zutiefst beunruhigten, angeführt:

- Die Tragödie *Mahomet* des französischen Philosophen Voltaire. Im Begleitschreiben zum Manuskript, das Voltaire Friedrich dem Großen im Dezember 1740 übersandte, heißt es über den Propheten Mohammed und den Koran: „Doch dass ein Kammelhändler in seinem Nest Aufruhr entfacht, dass er sich mit dem Erzengel Gabriel unterhielte, dass er sich damit brüstet, in den Himmel entrückt worden zu sein und dort einen Teil jenes unverdaulichen Buches empfangen zu haben [...], das ist nun mit Sicherheit etwas, was kein Mensch entschuldigen kann, [...] es sei denn der Aberglaube hat ihm jedes natürliche Licht erstickt."[125]
- Die erste direkt aus dem Arabischen übersetzte Koransausgabe von David Friedrich Megerlin im Jahre 1772 trug als Titelblatt „Die türkische Bibel.", was Goethe in einer Rezension als „eine elende Produktion"[126] geißelte.

Goethe wollte gegen diese zeitgenössische Orient-Rezeption, gegen die Apartheid zwischen Ost und West, gegen diese „Ungleichzeitigkeit von Kultur und Gesellschaft in Ost und West"[127] rebellieren. Dies soll „im Gewand der Poesie",[128] mit „süsse[m] Dichten",[129] mit „dichtriche[n] Perlen",[130] also mit Hilfe der Sprache, mit Hilfe einer poetischen Rhetorik der Entschärfung erfolgen. Und in der Tat besticht Goethe durch die Schlagfertigkeit der Worte, durch die konzise und präzise Sprache des Divan. Insofern kann Goethe als ein Griot, d. h. ein Erzähler nord-westlicher Ähnlichkeiten bzw. ein Chronist west-östlicher Zusammenhänge bezeichnet werden. Denn der Divan ist nicht nur ein Gespräch-Gesuch zwischen den beiden Regionen, er demonstriert auch die veritable Praxis dieses Gesprächs, des transkulturellen Lernens, das „eine einfache und zugleich schwierige Dialog-Strategie verfolgt."[131] Sie beruht auf einer methodisch gründlichen Beschäftigung mit dem vermeintlich fremden Orient:

---

125   Osten, Manfred: „*Alles veloziferisch*" oder *Goethes Entdeckung der Langsamkeit. Zur Modernität eines Klassikers im 21. Jahrhunderts*. Frankfurt a. M.: Insel 2003, S. 86.
126   Vgl. Bobzin, Hartmut: *Der Koran: Eine Einführung*. 4. Aufl. München: Beck 2001, S. 15.
127   Osten, Manfred, op. cit., S. 22.
128   Goethe, S. 82.
129   Ebd.
130   Goethe, S. 67.
131   Ebd., S. 88.

Herrlich ist der Orient
Übers Mittelmeer gedrungen;
Nur wer Hafis liebt und kennt,
Weiss, was Calderon gesungen.[132]

Bei Goethe kulminiert diese Beschäftigung nicht in einer mürrischen, engherzigen Toleranz, sondern endet in Anerkennung, ja in der Überzeugung, dass der Koran nicht Geringeres sei als die Bibel, dass er kein „blasses Abbild" bzw. kein „Surrogat der Bibel"[133] darstelle, dass der Orient und der Okzident gleichwertig und gleichwürdig seien. Expressis Verbis:

So der Westen wie der Osten
Geben Reines Dir zu kosten.
Lass die Grillen, lass die Schale,
Setze dich zum grossen Mahle:
Mögst auch im Vorübergehen
Diese Schüssel nicht verschmähen[134]

Dass es hier um einen flammenden Appell an den Leser zu einer transkulturellen Öffnung geht, ließe sich durch die Verwendung zweier Verben in der Imperativform („Lass"/ „Setze") begründen. Mit dem ersten Vers dieser Strophe plädiert Goethe für die Gleichwertigkeit beider Regionen. Präziser formuliert er den transkulturellen, transregionalen Transfer wie folgt:

Wer sich selbst und andere kennt,
wird auch hier erkennen:
Orient und Occident
Sind nicht mehr zu trennen.[135]

Das untrennbare Ineinanderfließen von Ost und West, was Goethe hier zu vermitteln gedenkt, geschieht nicht bedingungslos, sondern nur unter der Voraussetzung, dass „man sich selbst und andere kennt". Damit geht Goethe über Sokrates Spruch „Erkenne dich selbst" hinaus. Denn bei Goethe reicht die Selbsterkenntnis nicht aus. Der Mensch sollte auch versuchen, Werte, Charaktereigenschaften, die Dialogkultur des „Anderen" in Erfahrung zu bringen. Die Verschränkung von Orient und Okzident wird demzufolge eine Leerformel sein, wenn die Bedingung der Selbst- und Fremdkenntnis nicht erfüllt ist. Schaut man im Internet oder bei

---

132 Ebd., S. 54.
133 Vgl. Neuwirth, Angelika: *Der Koran als Text der Spätantike. Ein europäischer Zugang.* Berlin: Verlag der Weltreligionen 2010, S. 32ff.
134 Goethe, S. 267.
135 Ebd.

Ankündigungen über den Orient und Okzident, so werden meistens, soweit ich das überschaue, diese beiden Verse „Orient und Occident / sind nicht mehr zu trennen" an vorderster Stelle genannt. Dabei scheint es, dass die von Goethe wohlgedachte und formulierte Voraussetzung des „Sich-selbst-und-andere-Kennen" sekundär zu sein. Könnte man also die Behauptung wagen, dass die Verstümmelung Goethes Logik eine Gefährdung der ostwestlichen, westöstlichen Konfluenz darstellt? Das „Sich-selbst-und-andere-Kennen" ist insofern für Fragen der Transkulturalität und der Integration von entscheidender Bedeutung, weil die Quintessenz der Annäherung an den Anderen in dieser goetheschen Formel liegt. Eine Begriffsbestimmung von *Integration* könnte demnach lauten: *Bewahrung und Auffrischung persönlicher Werte bei aktiver und auftretender Teilhabe an anderen Kulturen.* Meiner Ansicht nach würde man sich viele Debatten über Transkulturalität und Integration ersparen, wenn man diese Zeilen genau lesen und in die Praxis umsetzen würde. Der Divan ist ein bewährtes Handbuch für Integrationsfragen, eine Enzyklopädie für Migrationsforscher. Im Buch der Betrachtungen (Tefkir Nameh) liest man einiges, was einen Migranten, einen zwischen Ost und West oder Nord-Süd schwebenden Menschen, zu denken gibt:

> Was verkürzt mir die Zeit?
> Tätigkeit!
> Was macht sie unerträglich lang?
> Müßiggang!
> Was bringt in schulden?
> Harren und dulden
> Was macht gewinnen?
> Nicht lange besinnen!
> was bringt zu ehren?
> Sich wehren![136]

oder:

> Frage nicht durch welche Pforte
> Du in Gottes Stadt gekommen,
> Sondern bleib' am stillen Orte
> Wo du einmal Platz genommen.

> Schaue dann umher nach Weisen,
> Und nach mächtigen, die befehlen;
> Jene werden unterweisen,
> Diese Tat und Kräfte stählen.

---

136   Ebd., S. 33.

Wenn du, nützlich und gelassen,
So dem Staate treu geblieben,
Wisse! Niemand wird dich hassen
Und dich werden viele lieben.[137]

Nach der Formulierung der Bedingung stellt Goethe nun den Modus dieses Ost-West-Transfers vor:

Sinnig zwischen beiden Welten
Sich zu wiegen, lass' ich gelten;
Also zwischen Ost- und Westen
Sich bewegen, sei' s zum Besten![138]

Das Arsenal ost-westlicher Konfluenz liegt in der Bewegung, im Schweben zwischen Okzident und Orient. Und auch hier sind die Dichterwörter sehr gut ausgewählt. Denn es geht hier nicht um eine exotische Reise in den Orient, das Sich-Wiegen muss *sinnig* sein, es muss mit Besonnenheit angegangen werden. Hier ist es angebracht, die oben ausgeführten Ansätze Ludwig Liegles über die Frage des transkulturellen Lernens einzubinden. Die vierte Bedingung des Ansatzes, nämlich „die Entwicklung eines Sinnes für das Fremde und die Fremden" ließe sich durch Goethes Aufforderung eines sinnigen Wiegens zwischen Osten und Westen untermauern. Die von Goethe geforderte sinnige Bewegung zwischen Ost und West korrespondiert auch mit dem, was der nigerianische Dichter Chinua Achebe über die afrikanische Literatur bemerkte: „Die Welt ist im ständigen Fluss, und wir, als Bewohner der Welt, müssen lernen, uns anzupassen, uns zu verändern, uns zu bewegen."[139] Bewegung und Mobilität ist also hüben wie drüben eine lebenswichtige Modalität eines gelungenen transkulturellen Lernens. Diese sinnige Reise in den Orient als Baugerüst goethescher transkultureller Botschaft beleuchtet der Dichter selbst in den Noten und Abhandlungen zum Divan: „Am liebsten aber wünschte der Verfasser vorstehender Gedichte als ein Reisender angesehen zu werden, dem es zum Lobe gereicht, wenn er sich der fremden Landesart mit Neigung bequemt, deren Sprachgebrauch sich anzueignen trachtet, Gesinnungen zu teilen, Sitten aufzunehmen versteht."[140] Dadurch dass Goethe hier fremde Gesinnungen sowie

---

137 Ebd. S. 36.
138 Ebd., S. 267.
139 Achebe, Chinua: Interview mit Ulli Beier. In Beier, Ulli: *Auf dem Auge Gottes wächst kein Gras. Zur Religion, Kunst und Politik der Yoruba und Igbo in Westafrika.* Wuppertal: Peter Hammer 1999, S. 11.
140 Goethe, S. 117ff.

Sitten zu teilen und sogar aufzunehmen gedenkt, macht er sich, mit Ludwig Liegle gesprochen, *frei vom intellektuellen und moralischen Egozentrismus.* Denn Goethe verfährt hier nicht paternalistisch, nicht vorschreibend, nicht im Sinne einer Leitkultur, sondern vielmehr offen und neugierig. „Man entschuldigt ihn" so präzisiert Goethe bescheiden, „wenn es ihm auch nur bis auf einem gewissen Grad gelingt, wenn er immer noch an einem eigenen Akzent, an einer unbezwinglichen Unbiegsamkeit seiner Landsmannschaft als Fremdling kenntlich bleibt."[141]

Die Transkulturalität des Divan tritt durch die zahlreichen intertextuellen Bezüge insbesondere auf den Koran hervor. Denn in dieser Divan-Wunderwelt wimmelt es nur so von Anspielungen, von Wortspielen, von direkten oder indirekten Zitaten aus dem Koran. Die berühmte Formulierung „Gottes ist der Orient, Gottes ist der Occident" ist ein fast wortwörtliches Zitat zweier Verse aus der längsten Sure der Korans, der Sure 2 (Al- Baqara), die Goethe sehr intensiv studierte. Dort heißt es im Vers 115: „Gottes ist der Osten und der Westen. Wo immer ihr euch hinwendet, ist Gott gegenwärtig. Gott ist allumfassend und allwissend." Will man Goethes Formulierung mit diesem koranischen Vers vergleichen, um eine eventuelle Modifikation zu kontrastieren, so fällt einem auf, dass Goethe in seiner Adaptation die drei im Koran erwähnten Attribute Gottes (Allgegenwärtigkeit, Allumfassenheit uns Allwissenheit) nicht explizit wiederholt, sondern sie durch die zweifache Wiederholung des Wortes „Gottes" ersetzt und somit diese Attribute quasi inkludiert. Und dann im Vers 142 derselben Sure liest man: „Die Törichten unter den Leuten werden sagen: ‚Was hat sie veranlaßt, ihre Gebetsrichtung zu ändern?' Sprich: ‚Gott gehört der Osten wie der Westen. Er leitet wen Er will auf den geraden Weg.'" Katharina Mommsen weist in ihrem aufschlussreichen Buch *Goethe und der Islam* darauf hin, wie islamische Motive und Themen im Divan adaptiert und transformiert werden. Goethe, so Mommsen, zitiere aus dem Koran, wie einer, der sich auf die Bibel berufe.[142] Mystik, Sufismus (Das Licht und der Schmetterling) Paradiese, Huris (Buch des Paradieses), Allahs Hundert Namen, die Nachtreise des Propheten (Isrāi wal miʿrāǧ), der schöne Vogel Hudhud … all dies wird von Goethe skrupellos adaptiert. Nichtdestotrotz muss angemerkt werden, dass Goethe bei aller Sympathie und Verwunderung des Ostens und des Koran auch die Hand in die Wunde legt. Religiöse Debatten über den Koran werden nämlich ebenfalls im Text thematisiert:

---

141 Ebd.
142 Mommsen, Katharina: *Goethe und der Islam.* Frankfurt a. M.: Insel 2001, S. 30.

Ob der Koran Ewigkeit sei?
Darnach frage ich nicht!
Ob der Koran geschaffen sei?
Das weiss ich nicht!"[143]

Goethe berührt hier eine essenzielle theologische Frage, ja einen Disput, der seit dem 9. Jahrhundert geführt wird, nämlich, ob der Koran als Gottes Wort in derselben Weise ewig sei wie Gott selbst, oder ob er von Gott, wie alles andere Weltliche, erschaffen wurde.[144] Direkter und ungeschönt kritisiert Goethe das Weinverbot sowie die islamische Ansicht, dass der Prophet kein Poet sei. Deswegen lobpreist er seinen Dichterkollegen Hafis wie folgt:

Sie haben dich, heiliger Hafis,
Die mystische Zunge genannt
Und haben, die Wortgelehrten,
Den Wert des Worts nicht erkannt.

Mystisch heissest du ihnen,
Weil sie Närrisches bei dir denken
Und ihren unlautern Wein
In deinem Namen verschenken.

Du aber bist mystisch rein,
Weil sie dich nicht verstehn,
Der du, ohne fromm zu sein, selig bist!
Das wollen sie dir nicht gestehn.[145]

Es dürfte klar geworden sein, dass hinter Goethes Wortspielen eine poetische Kurve liegt, die den Leser an- und aufregen soll und ihn nach und nach reizen soll, an dem großen Mahle, an diesem Basar des transkulturellen Lernens aktiv teilzunehmen und seinen Blick zu schärfen. Somit operiert Goethe mit der *Wechselseitigkeitsmethode*, die als dritte Bedingung bei Ludwig Liegle genannt wurde. Im Divan schlüpft Goethe in die Rolle des Handelsmanns, der seine Waren auf diesem virtuosen Basar anpreist, als Reisender, der Wüsten durchquert, als Sänger und Liebender, als Hafis oder Hatem, der mit seiner Suleika in einen Wechselgesang eintritt.[146]

---

143 Goethe, S. 117.

144 Vgl. Abu Zaid, Nasr Hamid / Sezgin, Hilal: *Mohammed und die Zeichen Gottes. Der Koran und die Zukunft des Islam.* Freiburg [u. a.] : Herder 2008, S. 70.

145 Goethe, S. 23.

146 Vgl. Blessin, Stefan: *Goethes West-östlicher Divan und die Entstehung der Weltliteratur.* In: Westöstlicher und Nordsüdlicher Divan. Goethe in interkultureller Perspektive. Hrsg. von Gutjahr, Ortrud. Paderborn: Schöningh 2000, S. 59–72, S. 59.

3. Goethes Erbe im 21. Jahrhundert

Warum müssen wir uns heute im 21. Jahrhundert intensiver mit Goethe auseinandersetzen, warum ihn lesen und wiederlesen? Weil wir in einer Zeit sehr großer Orientierungslosigkeit leben. Salafistenattacken, tagtägliche Terrorakten, raffiniert orchestrierte Geiselnahmen, andauernder Krieg in Syrien mit simulierten Friedenskonferenzen, noch nicht abgeschlossener und die Welt in Atem haltender „Arabischer Frühling", geballte extremistische Gruppierungen weltweit, große Verwirrung um Begriffe wie Fundamentalisten, Djihadisten, Integristen … Was tun im Angesicht dieser Orientierungslosigkeit? Der Divan appelliert an uns Leser, einen freien Überblick in heutiger Zeit allgemeiner Verwicklungen zu bewahren. Der Divan regt zum „Sich-Behaupten in bedrückender Zeit"[147] an, zu einer Selbstverwirklichung des Lesers in Zeiten der weltweiten Katastrophen. In einem Brief an Ottilie am 21. Juni 1818 beschwört Goethe die Wirkung des Divans wie folgt: „Die Wirkung dieser Gedichte empfindest du ganz richtig, ihre Bestimmung ist, uns von der bedingenden Gegenwart abzulösen und uns für den Augenblick dem Gefühl nach in eine grenzenlose Freiheit zu versetzen. Dies ist zu einer jeden Zeit wohltätig, besonders zu der unseren."[148]

Wie in kaum einem anderen Gedicht des Divan ausgedrückt, veranschaulicht das Gedicht „Wiederfinden" die besagte Selbstverwirklichung. Darin heißt es: „Allah braucht nicht mehr zu schaffen, / Wir erschaffen seine Welt."[149] Das mag auf dem ersten Blick wie eine Polemik, ja eine Blasphemie klingen. Aber in der Tat geht es Goethe hier darum zu zeigen, dass die Vollendung der Schöpfung Gottes jetzt in Menschenhand liege.[150]

Der Begriff der Selbstverwirklichung weist eine Ähnlichkeit mit der islamischen Fachterminologie *Iğtihad* auf. Sie meint eine stetige Bemühung in Rechtsfragen, wozu es weder im Koran noch in der Prophetenüberlieferung eine direkte Aussage gibt. Und das ist das, was viele muslimische Intellektuellen und Autoren heutzutage, ähnlich wie Goethe, vom Leser fordern. In ihrem Buch *Et si on relisait le coran?*[151] (Und wenn wir den Koran mal anders lesen würden?) insistiert die malische Schriftstellerin Hanane Keïta auf den Iğtihad als eine Lektüre des Koran, die den Gegebenheiten in der heutigen Gesellschaft gerecht wird. Denn hierdurch sollen Lösungen für Probleme gefunden werden, die es früher nicht

---

147 Ebd., S. 60.
148 Goethe, S. 416.
149 Ebd. S. 79
150 Vgl. ebd. S. 61.
151 Keïta, Hanane Traoré: *Et si on relisait le coran.* Paris : L'Harmattan 2013.

gab. Es sei also ein Recht eines jeden Muslims, und ich würde hinzufügen, ein Recht eines jeden Lesers, eine eigenständige Interpretationsanstrengung zu unternehmen. Diese Selbstverwirklichung beschäftigt auch den algerischen Autor Boualem Sansal. Zu Beginn seines Buchs *Allahs Narren. Wie der Islamismus die Welt erobert* stellt er klar, dass er keine andere Ambition verfolge, als „eben jene eines Schriftstellers, der ein Thema aufgreift und versucht, sich ihm auf eine *eigene*, sagen wir literarische *Weise* zu nähern: mit seiner ganzen Subjektivität, aber dennoch in der Hoffnung, dass seine subjektive Sicht auf die Dinge eine ganz *eigene Wahrheit* birgt."[152] Diese Sichtweise der Dinge, die eine Aufforderung des Lesers zur eigenen Anstrengung impliziert, scheint mir als die Vorgehensweise, die Goethe mit Keïta und Sansal verbindet. Genau diese Aufforderung der Selbstverwirklichung und vor allem der Grenzüberwindung zwischen Osten und Westen thematisiert die türkisch-deutsche Autorin Yadé Kara in ihrem Roman *Selam Berlin*.

4. Ost-Westliche Verschränkung heute: *Selam Berlin*[153] (Yadé Kara)

In ihrem Roman rückt Yadé Kara die von Goethe zelebrierte west-östliche, ost-westliche Verschränkung in die Nähe des Lesers. Bereits im Titel des Buchs *Selam Berlin* wird, ähnlich wie bei Goethe, die Interdependenz zwischen Okzident und Orient zum Ausdruck gebracht. Hier steht „Selam" nicht nur für Istanbul, nicht exklusiv für den Osten, sondern ist auch im Westen präsent: Türkische Werte werden in einer wunderbar witzig-bissigen Art mit westlichen Gepflogenheiten zusammengerückt. So wird von einem „Eastern Trip" der Figur Leyla, einer Freundin des Protagonisten und Ich-Erzählers Hasan berichtet. „Östliche Philosophien und Theorien", „Sufismus und Mevlana" und „Ofra Haza" ist bei ihr Alltag, obwohl sie in Berlin lebt. Im Text heißt es: „Und in so einer Stadt wie Berlin dachte sie [Leyla] an östliche Vorstellungen und Religionen."[154] An einer anderen Stelle wird berichtet, dass Leyla es mochte, in das „Istanbul-Gefühl"[155] zu kommen, auch wenn sie in Berlin lebt. Zugleich wird Berlin bzw. der Westen ein Raum, der in Istanbul sehr präsent ist: „Der Westen hatte sich schon heimlich in die Köpfe der Istanbuler eingeschlichen. Die Leute schauten Dallas, die

---

152   Sansal, Boualem: *Allahs Narren. Wie der Islamismus die Welt erobert. Ein Essay zur Sache.* Deutsch von Regina Keil- Sagawe. Merlin 2013, S. 9. Hervorhebung im Text.
153   Kara, Yadé: *Selam Berlin.* Zürich: Diogenes 2003.
154   Kara, Yadé, op. cit., S. 146.
155   Ebd. S. 101.

Frauen liefen blondiert herum, und die Kids trafen sich bei McDonald's, und alle wollten später nach Amerika gehen."[156], stellt Hasan fest.

Mit ihrem Protagonisten Hasan inszeniert Yadé Kara den heuristischen Mehrwert eines *Lebens auf der Grenze*: „Es gab Straßen in Berlin, da gehörte die eine Seite zum Osten und die andere zum Westen. Ich wohnte in so einer Straße direkt an – auf der Grenze."[157] Dieser Grenzverkehr geschieht im Roman nicht nur zwischen Ost- und West-Berlin, sondern dezidiert zwischen Istanbul und Berlin. Man kann sogar behaupten, dass dieser Wende-Roman auch ein Plädoyer für ein transkulturelles Lernen zwischen Istanbulern und Berlinern darstellt bzw. zwischen islamisch-orientalischer Weltvorstellung und okzidentaler Weltaneignung. Wie ein roter Faden zieht sich eine *Entgrenzung des Ich* durch den gesamten Roman. Identitäre Zugehörigkeiten fließen bei vielen Charakteren dermaßen ineinander, dass der Leser den Eindruck gewinnen muss, sich auf einem Basar eines transkulturellen Lernens zu befinden. In einem Gespräch mit dem Filmemacher und Regisseur Wolf, der im Roman als Verfechter des Zusammenpralls der Kulturen präsentiert wird, zeigt Hasan die Möglichkeit einer Interdependenz zwischen türkischen und deutschen Gepflogenheiten, die sich in seinem Dasein sedimentierten: „Eigentlich hatte ich alles von beidem. Von Ost und West, von deutsch und türkisch, von hier und da. Aber das konnten Leute wie Wolf nicht verstehen oder wollten es nicht verstehen. Sie sahen in mir immer einen Problemfall. Jemanden, der zwischen den Kulturen hin- und hergerissen war, jemanden, der nicht dazugehörte."[158] An einer anderen Textstelle zeigt er, wie er diese *Transidentität* operationalisiert:

> In Istanbul zog ich meine westliche Linie durch. Wurde ein Streit à la turca ausgetragen, schaltete ich meine deutsche Seite ein. Je emotionaler und irrationaler eine Sache wurde, desto kontrollierter und rationaler wurde ich. Auf Aberglauben, Kaffeesatzlesen und den bösen Blick reagierte ich kühl und sachlich. [...] Gegen die orientalische Übertriebenheit, Flexibilität und Nachgiebigkeit setzte ich ein unbeugsames, scharfes, deutsches nein![159]

Aus dieser Textstelle, insbesondere mit dem Durchziehen der westlichen Linie in Istanbul, lässt sich herleiten, wie der Protagonist Hasan die Zugehörigkeiten seiner „Identität" je nach Kontext und Raum ein- und umschaltet. Ferner zeigt Hasans Distanznahme zu Vorstellungen vom Aberglauben, Kaffeesatzlesen sowie

---

156   Ebd., S. 29.
157   Ebd., S. 34.
158   Kara, Yadé, S. 223.
159   Ebd., S. 18.

zum bösen Blick wie er seine persönliche Religiosität konstruiert. Die sachliche Betrachtung, oder besser, das dosierte Entgegenkommen dieser drei religiös grundierten Bereiche, die man oftmals in vielen südosteuropäischen Ländern antrifft, demonstriert, dass Hasan in der Praxis der Religion rational bleibt. Spätestens im letzten Satz dieses Auszuges merkt der Leser, dass die Operationalisierung kultureller Verschränkung keineswegs ohne *critical incidents* erfolgt, d. h. nicht ohne konfliktuelle Momente geschieht. Dennoch wird hier im Text keine verhärteten, unverrückbaren Fronten vermittelt, sondern es wird hier eine transkulturelle Symbiose gebildet.

Die Verschränkung von Orient und Okzident wird hier folgendermaßen materialisiert:

a. durch ein permanentes Oszillieren zwischen dem Türkischen und dem Deutschen, wie Hasan in der folgenden Textpassage zugesteht: „Von nebenan hörte ich Kazims Stimme. Er telefonierte immer noch. Dabei wechselte er ständig vom Türkischen ins Deutsche und umgekehrt. Jetzt, wo ich ihm so zuhörte, fiel mir ein, daß ich das auch oft tat, ohne es zu merken. Ich sprang von einer Sprache in die andere. Einfach so, wie Seilspringen.“[160] Auffällig im Buch ist die Verwendung des Verbs „springen“, das sich nicht nur auf die Sprache bezieht, sondern auch allgemein auf Kulturelles und Religiöses: „Ich war wie ein Flummiball, *sprang* zwischen Osten und Westen hin und her [...]“[161] Die Verwendung des Verbs „springen“ bedarf einer näheren Betrachtung. Denn es geht m. E. in diesem Buch von Yadé Kara um nichts anderes, als um eine Topographie oder eine Diagnostik des kulturellen Springens. Die Autorin versucht nach allen Regeln der Kunst uns zu vermitteln, wie ein kulturelles Springen funktioniert, was wir heutzutage im Zuge von Migrationsdynamiken mehr denn je benötigen, nämlich in einem bewussten, nicht aufgezwungenen Kombination verschiedener Sprachen, Räumen, im Gewebe unterschiedlicher kultureller Gepflogenheiten. Das Wort „Flummiball“ macht hier deutlich, dass der Protagonist Hasan die Scheidung der Räume transzendiert, auch wenn man nicht genau weiß, ob er selbst zur Ruhe kommt.

b. Nicht nur das Springen zwischen Türkisch und Deutsch macht den Roman für den Leser reizend, sondern auch durch zahlreiche Einschübe aus dem Englischen, Schwäbischen und dem Berlinerischen. Bei der Vorstellung Hasans wird das evident:

---

160 Ebd., S. 88.
161 Ebd., S. 223, Hervorhebung d. V.

Ich stand im hellbeleuchteten Raum vor laufender Kamera. [...] Dann hörte ich Wolf sagen: »Bitte kurz vorstellen!« Und ich wußte, was zu tun war.

»Ich heiß Hasan, bin in Berlin jeboren und – «

»Auf türkisch«, unterbrach mich Wolf.

»Benim Adim Hasan ve ben – «

»Mensch, du berlinerst ganz schön. Auch auf türkisch! [...] Na, so zwischen den Kulturen, Sprachen hin- und hergerissen zu sein. Das muß hart sein. Andere Werte, Vorstellungen, Traditionen ... « [162]

Daraufhin ironisiert Hasan wie folgt: »Ist echt schwer. So hin und her, weeste ... Ick sag's dir ...«[163] Mit diesen sprachlichen Verschränkungen wird hier die Ansicht des Zusammenpralls der Kulturen, welche die Figur Wolf vertritt, konterkariert.

An einer zentralen Textstelle beschreibt Hassan die Orient-Okzident-Debatte zwischen seinen Eltern wie folgt: „Sie diskutierten und stritten sich wieder über die Definition europäisch-westlich und diesen ganzen Krimskrams herum. Für Mama stand eins fest: Istanbul war die Wiege der westlichen Zivilisation. ‚Von uns haben sie die Tulpen, den Kaffee, die Architektur und Dichtung‘, zählte sie stolz auf.“[164] Und Hasan pariert mithilfe von Goethe: „Schade, dass Sie nie den West-östlichen- Divan gelesen hatte. Sie hätte mit Goethes Worten gut gegen Baba ins Felde ziehen können.“[165] Im Gegensatz zur Mutter wird Hasans Vater durch und durch beschrieben als eine Transit-Figur, dessen Identität nicht monolithisch, sondern plural angelegt wird: „Wenn es um Essen ging, war Baba Osmane, wenn es um Politik ging, Marxist, und wenn es ums Geschäft ging, dann war Baba Kapitalist. Er hatte von allem etwas, wie die Hindus. Viele Götter, viele Möglichkeiten.“[166] Hier zeigt der Ich-Erzähler, dass sich die Identität seines Vaters aus verschiedenen Zugehörigkeiten (osmanisch, marxistisch, kapitalistisch) zusammensetzt. Obwohl oder gerade weil man auf den Blick eine Fusion zwischen diesen Charaktereigenschaften bestreiten würde, geschieht das Gegenteil: Diese geradezu widersprüchlichen Zugehörigkeiten sind in der Person des Vaters vereint. Auffällig ist auch, dass der religiöse Aspekt als Analogie der kulturellen Verschränkung verwendet wird.

Nicht nur in transkultureller Perspektive ist dieser Roman für uns aufschlussreich. Auch in interreligiöser Hinsicht wird der Roman sehr konstruktiv. Im

---

162   Ebd., S. 221f.

163   Ebd., S. 222.

164   Ebd., S. 127.

165   Ebd.

166   Ebd., S. 118.

neunten Kapitel wird berichtet, wie das Weihnachtsfest in einer bunten Mischung aus Orientalischem und Okzidentalischem gefeiert wird:

> Und nun waren hier Moslems anwesend, um die Geburt des Propheten Jesu zu feiern. Onkel Breschnew und Baba in schwarzen Anzügen am Weihnachtsbaum. Das einzige moslemische bei dieser Feier waren die Geschenke. Es gab keine. [...] Beim Essen langten wir alle zu. [...] Als Brust, Keule und Flügel der Gans vom Tisch verschwunden waren, blickten alle auf und lehnten sich faul gegen ihre Stuhllehnen. Onkel Breschnew goß Raki ein, dann Wasser. Das Glas trübte sich. Löwenmilch. Er nahm einen kräftigen Schluck, lehnte sich zurück und pulte einen Rest Gänsekeule aus seiner Zahnlücke. Als Nachtisch servierte Ingrid selbstgemachtes Weihnachtsgebäck, türkischen Mokka und Mon cherie Pralinen.[167]

Interessant ist hier die Materialisierung dieses Festes durch eine türkische Signatur in Form eines Bescherung-Verzichts sowie der Konsumierung eines türkischen Getränks. Dennoch erzeugt diese türkische Signatur keinen Verzicht auf die westliche Weihnachtstradition. Im Gegenteil gehören Ess-Tradition wie Gänsekeule und Weihnachtsgebäck zum kulinarischen Agenda. Der gustative Aspekt ließe sich somit als Zeichen transkultureller und transreligiöser Verschränkung interpretieren. So ist der ganze Roman darauf angelegt, die verhärteten Fronten zwischen Okzident und Orient auflösen zu wollen, indem Differenzen, Problemzonen zwischen den Regionen nicht verschleiert, aber auch nicht verabsolutiert werden.

Das pädagogische Potential dieses Romans besteht in seinem oben dargestellten interkulturellen und interreligiösen Gesamtszenarium. Im vorletzten Absatz des Romans bekräftigt Hasan seine ost-westliche Anschauung der Welt:

> Eigentlich war doch alles so leicht, dachte ich. Denn ich wollte mich nicht festlegen, nicht anbinden, nicht seßhaft sein. Der Nomade in mir trieb mich zu neuen Orten, Plätzen, Städten und Straßen. Ich wollte weiter nach Westen, nach London, New York, San Francisco oder nach Osten? Nach Tokio, Teheran, Taschkent. Flughäfen, Bahnhöfe, Hotelzimmer. Nicht hier, nicht da, einfach fort sein.[168]

Der Leser dürfte hier eine unnachgiebige Verschränkung bzw. Versammlung verschiedener Welten begreifen. Festhalten können wir hier, dass es keineswegs um eine Neuvermessung der Welt geht. Vielmehr dreht sich das ganze Szenarium um ihr Zusammenrücken, in kultureller und religiöser Perspektive. Yadé Karas Text soll uns helfen die Wahrnehmung des „Anderen" zu überdenken, nämlich ihn nicht auf ein monokulturelles Wesen zu reduzieren, sondern als ein

---

167 Ebd., S. 134.
168 Ebd., S. 382.

Wesen mit kosmopolitischen sowie ost-westlichen Ressourcen zu betrachten, mit denen er zwischen verschiedenen Welten und Werten schweben und springen kann. Ein ähnliches Programm lässt sich bei Ilija Trojanow beobachten.

5. Wider die Weltvermessung: *Der Weltensammler* (Ilija Trojanow)

Der erste Satz des Romans *Der Weltensammler* „Er starb früh am Morgen noch bevor man einen schwarzen von einem weißen Faden hätte unterscheiden können"[169] ist eine klugdreiste Adaptation der koranischen Metapher zum Fastenmonat Ramadan in der Sure 2 Vers 187: „Eßt und trinkt, bis ihr das Licht der Morgendämmerung wahrnehmt, das sich von der dunklen Nacht abhebt wie der weiße vom schwarzen Faden! [...]."[170] Obwohl dieser erste Satz dem Koran zu entlehnen ist, wird im zweiten Satz nichts vom Islam erzählt, nichts aus der islamischen Glaubenslehre oder ähnliches, damit der Leser den Satz ‚zuordnen' kann. Vielmehr dreht der Erzähler den Fokus auf eine andere monotheistische Religion, nämlich das Christentum, insbesondere den Katholizismus. Paradigmatisch hierfür sind die Beschreibung der „Gebete des Priesters" und das Bild eines „Kruzifix auf die nackte Brust". In der Textstelle heißt es:

> Die Gebete des Priesters verebbten; er benetzte sich die Lippen und schluckte seine Spucke hinunter. Der Arzt an seiner Seite hatte sich nicht bewegt, seitdem der Pulsschlag unter seinen Fingerspitzen vergangen war. Sturheit allein hatte seinen Patienten zuletzt am Leben erhalten; am Ende war sein Wille einem Gerinnsel erlegen. Auf dem gekreuzten Arm des Toten lag eine fleckige Hand. Sie wich zurück, um ein Kruzifix auf die nackte Brust zu legen. Viel zu groß, dachte der Arzt, ausgesprochen katholisch, so barock wie der vernarbte Oberkörper des Verstorbenen.[171]

In diesem Passus ist noch ein anderes Bild, nämlich das des „gekreuzten Arm[es] des Toten" erwähnenswert. Denn hier haben wir nicht mit dem aus der antiken Tradition in das Christentum eingebürgerten sogenannten „Todesarm" – dem nach unten hängenden, einwärts gedrehten Arm – zu tun (wie in Jacques Louis Davids berühmten Bild „Der Tod des Marat" von 1793), sondern mit einer anderen Symbolik. Barbara Pasquilleni zufolge könne diese Symbolik des

---

169 Ilija Trojanow, *Der Weltensammler*, München: Deutscher Taschenbuch Verlag 2007, S. 13.

170 *Al-Muntakhabs, Auswahl aus den Interpretationen des Heiligen Koran.* Kairo: Ministerium für Awqaf. Oberster Rat für Islamische Angelegenheiten, 1999. S. 43. Siehe auch Rudi Paret, S. 29.

171 Ilija Trojanow, S. 13.

gekreuzten Armes bis in mittelalterliche Darstellungen zurückverfolgt werden. Da hätten die gezeigten Ketzer häufig gekreuzte Arme vor der Brust, „[e]ine Geste, die auf die Falschheit hinweist. Der Ketzer, der das Wort Gottes leugnet, ist der Inbegriff eines Lügners. Vermutlich deshalb, weil die sich überkreuzenden, in verschiedenen Richtungen weisenden Arme die Idee der Widersprüchlichkeit und des Zwanghaften bergen."[172] Folgt man Pasquilleni, die das Zeichen des „gekreuzten Armes" mit Blick auf das Mittelalter als eine „Ketzerei" zu interpretieren versucht, liegt zu Beginn Trojanows Roman meiner Ansicht nach eine Technik der Vermischung vor. Sie liegt in einem Übergang vom Bild einer Säule des Islam, nämlich das Fasten im Monat Ramadan, hin zu einer Symbolik des Christentums.

Die trojanowsche Adaptation des Koran beschränkt sich nicht auf den Beginn des Romans, sondern zieht sich wie ein roter Faden durch alle drei Kapitel. Ein Satz wie „Das Zikr singt er nach dem Morgengebet, bis seine Hingabe aufkocht und seine Rufe sich den schläfrigen Ohren seiner Nachbarn einprägen."[173] ist eine Transformation der koranischer Passage „Wa ʿbud rabbaka hattā yā tiyakal yaqīn" in der Sure 15, Vers 99: „Und diene Deinem Herrn, bis dir die Gewißheit des Jüngsten Tages gegenwärtig ist!"[174] Im Ostafrika-Kapitel findet man einen Passus, der die narrative Formgebung koranischer Stoffe ebenfalls aufzeigt:

-Sieh die Stuten, wie sie rasen,
ihre Hufe Funken schlagen,
wie sie früh am Morgen stürmen,
und im Staubessprühen brechen
durch des Gegners Reihen!
[…]
Wahrlich, voller Undank ist der Mensch,
wahrlich, hierfür ist es selbst sich Zeuge,
wahrlich, was ihn antreibt, ist nur Gier.
-Im Namen Gottes.[175]

Und nun die Koranische Version in der Sure 100:

Im Namen Gottes, des Gnädigen, des Barmherzigen.
Bei den rennenden, schnaubenden Pferden!

---

172 Vgl. Barbara Pasquilleni, *Körpersprache Gestik, Mimik, Ausdruck*. Berlin 2007. S. 103.
173 Ilija Trojanow, S. 248 f.
174 *Al-Muntakhabs, Auswahl aus den Interpretationen des Heiligen Koran*. Op. cit., S. 394. Siehe auch Rudi Paret, S. 186.
175 Ilija Trojanow, S. 411.

die Funken schlagend
schon vor Sonnenaufgang anstürmen
den Staub unter dem Feind aufwirbeln
und den Staub mitten unter die versammelten feindlichen Heerscharen treiben.
Der Mensch ist gegen seinen Herrn sehr undankbar.
Er ist (am jüngsten Tag) über sich selbst Zeuge.
Er liebt die irdischen Güter zu sehr. [...][176]

Das Arabien-Kapitel scheint mir eine Einführung sowohl in die islamische Glaubenslehre als auch in die islamische Kulturgeschichte darzustellen. Vor allem die Pilgerfahrt, die fünfte Säule der islamischen Religion, wird in einigen Stationen im Buch minutiös beschrieben. Zunächst wird erzählt wie die Pilger ihre Gewänder ablegen, nämlich wie sie „[s]ich in die zwei weißen Tücher der Pilgerschaft gehüllt hatten – das eine Tuch um die Hüften geschwungen, das andere um die Schultern gewickelt –[...]"[177] Sodann wird über den Höhepunkt der Pilgerfahrt, nämlich über das Aufsteigen des ʿArafah-Berges berichtet. Aufgrund der Dimension dieses Berges bezeichnet ihn der Erzähler als einen „Berg der Metaphysik". Dies, weil an diesem Ort eine Begegnung zwischen Gott und den Pilgern Stattfindet, weil die Sünde der Pilger nach dem Besteigen des Berges vergeben werden und sie dann wie neugeborene Kinder werden. Der Erzähler führt den Leser weiter durch die restlichen Stationen: Von dem Paß von „Mazʿumain" über „Muzdalifa" und „Minā" bis hin zur Steinigung des Teufels. Die Unterkapitel werden nicht mit der westlichen Markierung von Monaten (Januar, Februar etc.) vorgestellt, sondern mit den zwölf Monaten des islamischen Kalendariums: „Muharam" (S. 258) [Muharram], „Safar" (S. 269) „Rabi al-Awwal" (S. 276) [Rabīʿal-awwal], „Rabil al Akhir" (S. 282) [Rabīʿal- āhir], „Jumadaʾl-Ula" (S. 290) [ǧumādal ūla], „Jumada al-Akhirah" (S. 296) [ǧumādal āhira], „Rajab" (S. 302) [raǧab], „Shaaban" (S. 317) [šaʿbān], „Ramadan" (S. 321), „Shawwal" (S. 327) [šawwāl], „Dhuʾl-Qaadah" (S. 336) [Dhul qaʿ da], „Dhuʾl-Hijjah" (S. 345) [Dhlu hiǧǧa].

Legt man sich die Frage vor, warum Trojanow sich dieser Fülle an islamischen Elementen bedient, so könnte man ihn die Absicht unterstellen, den Leser zur Selbstbildung, zur Bildung der eigenen Meinung über die islamische Religion zu verhelfen, wie wir es bei Goethe ausführten. Hierzu bedarf die Haltung des Protagonisten Burton näherer Betrachtung – sie ist geradezu lehrreich. Burton befindet sich in einem unabschließbaren Prozess der Grenzziehung und Grenzüberwindung, einer hybriden Existenz zwischen seiner britischen Kultur

---

176 *Al-Muntakhabs, Auswahl aus den Interpretationen des Heiligen Koran.* S. 1037. Siehe auch Rudi Paret, S. 435.

177 Ilija Trojanow, S. 314.

54

und der indischen, arabischen und ostafrikanischen Kultur. Er entwickelt Technologien der Annäherung an die jeweilige Kultur – mittels Mimikry, Verwandlung, Verkleidung. Er lernt Sprachen wie Sanskrit, Hindi, Guyarati, Marathi, Arabisch, und afrikanische Sprachen. Ihm werden verschiedene Namen verliehen, je nach Region und Kontext. Er wird als Burton Saheb, Derwisch, Angrezi etc. genannt. Fragt man sich, was Burtons Bemühungen und die verschiedenen Namen als Auswirkungen haben, so ließe sich festhalten, dass Burton gegen ein schablonenhaftes Weltverständnis kämpft. Er plädiert für die Wahrnehmung eines Raums Dazwischen, eines – im Sinne Homi Bhabhas – „Dritten-Raumes", eines dynamisches Raumes also, der dualistische Vorstellungen konterkariert. Burton setzt alles daran, die Grenze seiner britischen Kultur aufzuweichen, um sich in andere Kulturen hineinzuversetzen. Er lehnt eine Verabsolutierung von Differenzen entscheidend ab, wie im folgenden Passus plastisch gezeigt wird: „Ihr denkt immer nur in groben Mustern, Freund und Feind, unser und eurer, schwarz und weiß. Könnt ihr euch nicht vorstellen, dass es etwas dazwischen gibt? Wenn ich die Identität eines anderen annehme, dann kann ich fühlen, wie es ist, er zu sein."[178] Wie oben gesagt, geht es hier um ein Plädoyer für eine Ent-schablonisierung unseres Weltverständnisses. Burton skizziert eine wichtige Prämisse transkulturellen Lernens, nämlich die Bereitschaft, über einfache dualistische Teilungen der Welt in Weiß/Schwarz, Osten/Westen, Nord/Süd hinauszukommen. Er appelliert an unsere Achtsamkeit und Aufmerksamkeit für unterschwellige Überlappungen und Ähnlichkeiten zwischen verschiedenen Kulturen. Im letzten Satz dieses Auszuges geht Burton noch eine Stufe weiter, nämlich in die Vorstellung einer Annahme der Identität eines „Anderen". Das Fühlen, wie ein „Anderer" ist, wie er lebt und die Welt deutet, kann nur erfolgen, indem ich mich in ihn hineinversetze und Teile seiner identitären Zugehörigkeiten annehme. Ich muss mich demnach ein wenig verwandeln können und meine herkömmlichen Werte nicht als absolute Größen einstufen. Ich muss bereit sein, eine transkulturelle Öffnung vollziehen zu können.

Im Roman wird beschrieben, wie man mit mehreren Kulturen umgehen kann, mal mit mehr Erfolg, mal mit wenigem, so dass man Trojanows Text als einen Bildungsroman des 21. Jahrhunderts bezeichnen kann. Mit „Bildung" meine ich hier, einen systematischen Vorgang des Sich-Bildens bzw. der Selbst-Bildung in Auseinandersetzung mit der Umwelt[179] bzw. ein Prozess der

---

178 Trojanow, S. 211f.
179 Koller, Hans-Christoph: Grundbegriffe, Theorien und Methoden der Erziehungswissenschaft. Eine Einführung. Stuttgart: Kohlhammer 2004, S. 71.

Verhältnisbestimmung von Ich und Welt[180]. Trojanow ist also ein Chronist der Grenzziehung und Grenzüberwindung, ein Architekt des Pendelns, des Hin- und Hergehens zwischen verschiedenen Kulturen und somit ein Gegner der Weltvermessung. Er entwirft ein faszinierendes Szenarium des permanenten Prozesses des ‚Wandels durch Annäherung‘ und der Annäherung durch Wandel.[181] Fremdes und Eigenes wird hier verschränkt, puristische Grenzziehung wird zunichte gemacht. Der Roman ist ein präzises Psychogramm des transkulturellen Lernens, ein bewährtes Trainings- oder Schulungsfeld, ein ästhetischer Ansturm gegen absolute Grenzziehungsmanöver, insofern als es darin um eine Kunst der Übersetzung geht, nicht im wörtlichen, sondern im übertragenen Sinne. Der Text hat also einen kulturellen Wert, der sich aus seiner Mehrfachkodierung innerhalb unserer plural verstandenen Welt ergibt.[182]

Merkmale dieser drei oben besprochenen europäischen Texte sind grenzüberschreitende und grenzverwischende Elemente, deren Wahrnehmung das transkulturelle Lernen ankurbeln kann. Auch in vielen afrikanischen Texten des Postkolonialismus begegnet man diesem Phänomen der unabdingbaren kulturellen Grenzübewindung. Nehmen wir einen beliebigen Text von Wole Soyinka, Chinua Achebe oder Ngugi Wa Thiong'o oder – die neue Generation betreffend – von Alain Mabanckou, Patrice Nganang, Damon Galgut, so stößt man bereits mit den ersten Seiten auf eine Grenzsituation. Es werden europäische und afrikanische Werte verhandelt und amalgamiert. Kosmopolitische Lebenswelten und kulturelle Mehrfachkodierungen werden entworfen, wie in den folgenden Texten demonstriert wird.

6. Afropolitische Identität: *Ghana must go* (Taiye Selasi)

In Ihrem Essay *Bye Bye Babar* (2005) für das amerikanische LiP-Magazin erfand Taiye Selasi den Begriff „Afropolitan" und bezeichnet damit Menschen mit afrikanischen Wurzeln, die sich in den Metropolen der Welt zu Hause fühlen:

---

180 Vgl. Amos, Karin: *Wa(h)re Menschenbildung: oder warum der Bildungsbegriff umstritten und umkämpft ist und bleiben sollte.* In: *Ware Mensch – Die Ökonomisierung der Welt.* Hrsg. von Assmann, Heinz-Dieter, Baasner, Frank, Wertheimer, Jürgen. Baden-Baden: Nomos 2014, S. 165–187, S. 165.

181 Vgl. Ören, Aras: *Privatexil, Ein Programm?* Drei Vorlesungen aus dem Türkischen von Dr. Cem Dalaman. Tübinger Poetik-Dozentur. Tübingen: Konkursbuch 1999, S. 61.

182 Senocak, Zafer: *Atlas des tropischen Deutschlands.* Berlin: Babel 1992, S. 28.

Sie (also wir) sind Afropoliten: die neueste Generation afrikanischer Auswanderer, demnächst oder schon längst – in einer Anwaltskanzlei, einem Chemielabor, einer Jazz-Lounge in Ihrer Nähe. Sie erkennen uns an der lustigen Kombination von Londoner Mode, New Yorker Jargon, afrikanischen Wertvorstellungen und akademischen Erfolgen. Einige von uns sind ethnische Mischungen, z. B. ghanaisch und kanadisch, nigerianisch und schweizerisch; andere sind bloß kulturelle Promenadenmischungen: amerikanischer Akzent, europäisches Gemüt, afrikanischer Ethos: Die meisten von uns sind mehrsprachig: Neben Englisch und zwei romanischen Sprachen verstehen wir eine indigene Sprache und sprechen den Jargon von einigen Großstädten. Wir sind Afropoliten: nicht Weltbürger, sondern Weltafrikaner.[183]

Demnach wird mit *Afropoliten* eine neue „weltafrikanische Elite" bezeichnet, die ein transkontinentales Leben, ein transitleben zwischen Afrika, England und USA führen und somit eine Transidentität, eine afropolitische Identität besitzen. Die Gruppe ist „hochgebildet, weltgewandt, mehrsprachig, und nicht fixiert in ethnischer, geographischer, nationaler oder kultureller Hinsicht."[184] Mit der besagten *afropolitischen Identität* setze sich, so erläutert Selasi den Begriff in ihrer Rede bei der Eröffnung des internationalen Festivals in Berlin (2013), eine bestimmte demographische Gruppe von Afrikanern sowohl innerhalb als auch außerhalb von Afrika auseinander, sobald es um die Definition ihrer Identität gehe. Selasi führt das Beispiel ihrer eigenen Person an: Sie sei *Britin*, weil sie in London auf die Welt gekommen ist, *Amerikanerin*, weil sie einen amerikanischen Pass besitzt. Dazu sei sie noch *Ghanaerin*, weil ihr Vater aus Ghana kommt. Schließlich sei sie *Nigerianerin*, weil ihre Mutter aus Nigeria kommt. Aufgrund dieser vier verschiedenen Zugehörigkeiten habe sie immer mehr das Gefühl, dass sie in irgendeinem Vorraum mit vier Türen stehe, wobei ihr alle Türen verschlossen seien. Afropolitische Identität bedeutet also das Dasein in diesem Vorraum, an dieser Kreuzung mit vier Zugehörigkeiten.[185] Für die vorliegende Studie ist Selasi nicht nur aus biographischer Hinsicht interessant. Auch ihre Literatur-Auffassung zeigt, warum es sich lohnt, anhand ihrer Bücher einen Diskurs über transkulturelles Lernen zu erläutern. In der oben genannten Rede findet man einen Satz, der den grundlegenden Beitrag der Literatur zum transkulturellen Lernen auf den Punkt bringt: „Jedes Mal, wenn wir ein Buch in die

---

183 http://www.fischerverlage.de/sixcms/media.php/200/Essay_Bye_Bye_Barbar.pdf (21.2.2014)

184 Löffler, Sigrid: *Die neue Weltliteratur und ihre großen Erzähler*. München: Beck 2014, S. 83.

185 Vgl. Selasi, Taiye: *Afrikanische Literatur gibt es nicht*. http://www.literaturfesti val.com/festival/veranstaltungen/literaturen-der-welt/2013/eroeffnungsrede-tai ye-selasi-gb-i-ueber-die-vielfalt-der-afrikanischen-literaturen (21.2.2014)

Hand nehmen, löschen wir unsere persönlichen Grenzen aus. Wir überschreiten die Markierungen unseres Selbst und betreten das unbekannte Territorium des Anderen."[186] Die Frage des Transkulturellen Lernens ist nichts anderes als eine Anstrengung des Menschen, sich in *das unbekannte andere hineinzuversetzen*, wie ich es im ersten Kapitel mit Amos Oz ausführte. Die Überschreitung der eigenen Markierungen korrespondiert hier mit dem *sich frei machen vom intellektuellen und moralischen Egozentrismus* (Ludwig Liegle). Es resultiert daraus eine Grenzüberschreitung, welche die radikale Grenzziehung unterläuft. Genau diese Verschränkung inszeniert Taiye Selasi in ihrem Debütroman *Diese Dinge geschehen nicht so* (orig. *Ghana must go*), den man als einen autobiographischen Roman lesen kann, weil die Heldin Taiwo zahlreiche Ähnlichkeiten mit der Autorin Taiye Selasi aufweist (Allein der Name Taiwo ist eine Zusammensatzung des Yoruba Wortes „Taiye Wo", was etwa heißt „die Welt sehen und schmecken".)

In diesem Debütroman erzählt Selasi, ähnlich wie Thomas Mann in den *Budenbrooks* oder Jonathan Franzens in *The Corrections*, die Geschichte einer dysfunktionalen Familie, bzw. einer „erfolgreiche[n] Familie in Trümmern".[187] Sowohl Taiwos Vater, Kwaki Sai als auch die Mutter, eine Anwältin aus Nigeria, sind nach Amerika emigriert. Kwaki Sai ist ein Chirurg von großem Format, wie es im Text heißt: „[…] man kann sagen, was man will, aber der Mann war erstklassig in seinem Beruf, selbst seine Widersacher geben das zu, ein ‚Künstler am Skalpell', ein Chirurg, der seinesgleichen sucht, ein ghanaischer Carson […]"[188] Aus der Ehe stammen vier Kinder: Olu (mit einem Faktenwissen und einer naturwissenschaftlichen Begabung) Taiwo (ein düsteres Genie mit der Aura einer mysteriösen Eleganz) Kehinde (begabt mit einem unverfälschten Talent und einer Gabe des Bildes) und schließlich Sadie (eine Wundertüte voller Fähigkeiten).[189] Die Krise der Familie wird dem unglücklichen Ereignis geschuldet, dass dem Vater einen operativen Kunstfehler zur Last gelegt und fristlos gekündigt wurde, woraufhin er seine Familie verlässt und sich – aus Scham – nach Afrika für ein neues Leben begibt. Er heiratet dort eine zweite Frau namens Ama, was zum Überdruss der Kinder führt – sie bezeichnen diese Frau als eine „attraktive Dorfidiotin"[190]. Alle vier Kinder werden hernach von der nun alleinerziehenden Mutter mithilfe der Verwandten groß gezogen. Jedes der Kinder schlug seinen

---

186   Ebd.
187   Selasi, Taiye: *Diese Dinge geschehen nicht einfach so.* Aus dem Englischen von Adelheid Zöfel. Frankfurt a. M.: Fischer 2013. S. 161.
188   Selasi, Taiye: *Diese Dinge geschehen nicht einfach so.* op. cit., S. 13f.
189   Vgl. ebd., S. 268.
190   Ebd. S. 16.

eigenen Weg ein, so dass sie über verschiedene Kontinente zerstreut sind. Als der Vater mit 57 Jahren unerklärlicherweise an einem Herzinfarkt stirbt, macht sich die Familie über die Ursache dieses für sie mysteriösen Todes Gedanken. Entweder ist „der Mann niedergestreckt, vergiftet von einer Analphabetin (Olus heimliche Überzeugung), oder einfach nur tot, in der Tradition von Menschen, die einfach nur sterben (Mom), oder bestraft von Gott für seine verschiedenen Sünden (Sadie), oder erschöpft von diesen Sünden (Kehinde).“[191] Alle vier kehren dann ins Haus der Mutter nach Ghana zurück. Soweit der Inhalt.

Das Prinzip der Entwurzelung bzw. der Verschränkung von Kulturen, das sich wie ein roter Faden durch den gesamten Roman zieht, zeichnet sich für eine transkulturelle Lektüre als gewinnbringend aus: denn hier werden Kulturgrenzen überschritten und damit auch erweitert. Die hier präsentierte Welt ist eine Welt im Transit, eine Welt mit unklaren Zugehörigkeiten und mehrfachen Identitäten.[192] Fast alle Charaktere des Romans führen, im Sinne Selasis Konzept der afropolitischen Identität, ein kosmopolitisches Leben zwischen Nigeria, Boston und London. Im zweiten Teil des Kapitels „Aufruhr" wird berichtet, dass einer der Kinder, Olu, selbst nun Arzt geworden, eine chinesische Frau zu heiraten gedenkt. Der Schwiegervater, Dr. Wei, fordert seine Tochter Ling auf, die ein Gespräch mit ihm auf Chinesisch anfängt, Rücksicht auf den Besuch von Olu zu nehmen und Englisch zu sprechen: „ ‚Sprich bitte Englisch, meine Liebe. Wir haben einen Gast bei uns.' Daraufhin antwortet Ling wie folgt: „‚Bei *uns*‘, entgegnete Ling, das heißt für mich Huntington Avenue.'[193] Hier scheint es mir angebracht, sich der Frage zu stellen, warum der Name *Huntington* explizit erwähnt wird. Meiner Ansicht nach inszeniert Selasi eine Verschränkung der Kulturen, um die propagierte These eines *Clash of civilisation* zu wiederlegen. Denn gerade die Inszenierung von Figuren, deren Identität mehrfachkodiert ist, ist ein markantes Indiz dafür, dass scheinbar widersprüchliche und zusammenprallende Kulturelemente sich doch überraschenderweise überlappen und sich sogar zu einer Symbiose formieren lassen können. Der seit vierzig Jahren in Amerika lebende Dr. Wei wird hier dargestellt als eine Figur, die das transkulturelle Lernen in die Praxis umsetzt. Gegenüber Olu tut Dr. Wie alles: „[u]m zu betonen, dass ich die Kultur bewundere, Ihre Kultur. Vor allem den Respekt vor Bildung. Alle Afrikaner, denen ich im akademischen Kontext begegnet bin, haben Hervorragendes geleistet, ausnahmslos [...] Ich unterrichte Studienanfänger. Ich sehe es

---

191   Ebd., S. 51.
192   Vgl. Löffler, Sigrid, op. cit, S. 8.
193   Ebd., S. 147. Hervorhebung im Text.

jeden Tag: Die afrikanischen Immigranten sind die Zukunft der Wissenschaft. Und die Inder."[194] Nichtsdestotrotz übt Dr. Wei Kritik an einige afrikanische Missstände und bringt seinen Unmut zum Ausdruck:

»Wissen Sie, ich habe die Fehlfunktionen in Afrika nie verstanden: die Gier der Herrschenden, Krankheiten, Bürgerkriege. Dass die Leute im einundzwanzigsten Jahrhundert immer noch an Malaria sterben, dass sie sich immer noch zerstückeln und vergewaltigen, Genitalien abschneiden, dass sie kleinen Kindern und Nonnen mit Macheten die Kehle durchschneiden, diese Mädchen im Kongo, die Probleme im Sudan. Als junger Mann in China habe ich angenommen, dass es Unwissenheit ist. Ich brauche nicht zu erwähnen, dass ich mich geirrt habe. [...] Doch die Rückständigkeit hört nicht auf, bis heute nicht, und warum ist das so? Wen doch afrikanische Männer so gescheit sind, wie wir eben festgestellt haben? Und die Frauen sind genauso gescheit [...]«[195]

Die Transkulturalität dieser Einschätzungen besteht darin, dass Afrika nicht exklusiv als ein „dunkler Kontinent" wahrgenommen, nicht nur defizitär gesehen wird. Zwar werden die Fehlentwicklungen genannt, dennoch ist der kulturelle Reichtum Afrikas erwähnt.

Das pädagogische Potential Selasis Roman liegt darin, dass die Autorin alles daran setzt, zahlreiche afrikanische Weltbilder, Mythen und Riten in die Nähe des Lesers zu rücken. Hier seien zwei Beispiele angeführt:

a. Da die Figuren Kehinde und Taiwo Zwillinge – auf Yoruba „Ibeji" – sind, beleuchtet Selasi diesen Yoruba-Mythos: „Ibeji (Zwillinge) sind zwei Hälften eines Geistes, eines Geistes, der zu groß ist, um in einen Körper zu passen – und sie sind Schwellenwesen, halb menschlich, halb göttlich, die entsprechend verehrt, ja, angebetet werden müssen."[196] Vor allem die existentielle Bedeutung der Namensgebung für diese Zwillinge wird hier eingehend erläutert:

Speziell der zweite Zwilling – der Wechselbalg und Schwindler, weniger fasziniert von weltlichen Dingen als der erste Zwilling – kommt sehr zögernd auf die Welt und bleibt nur mit großer Mühe, weil er immer Heimweh nach den spirituellen Reichen hat. Am Abend vor ihrer Geburt als physische Körper sagt dieser skeptische zweite Zwilling zum ersten: »Geh du raus und sieh nach, ob die Welt gut ist. Wenn sie gut ist, bleib dort. Wenn sie nicht gut ist, komm zurück.« Der erste Zwilling Taiyewo (von dem Yoruba-Ausdruck »To aiye wo«, »die Welt sehen und schmecken«, abgekürzt zu Taiye oder Taiwo) verlässt gehorsam den Schoß, um sich auf Forschungsmission zu begeben, und die Welt gefällt ihm so gut, dass er bleibt. Wenn Kehinde (von dem Yoruba-Ausdruck

---

194 Ebd., S. 150.
195 Ebd., S. 151f.
196 Ebd., S. 109.

»Kehin de«, »als Nächster angekommen«) merkt, dass seine andere Hälfte nicht zurückkommt, macht er sich gemächlich daran, es seinem Taiyewo gleichzutun, und lässt sich dazu herab, menschliche Gestalt anzunehmen. Die Yoruba betrachten deshalb Kehinde als den Älteren: als Zweiter geboren, aber dafür weiser, also »älter«.[197]

Hier weist Selasi auf die in der Yoruba-Tradition eingebürgerte übersinnliche Veranlagung von Zwillingen. Aufgrund dessen erfordern sie eine besondere Behandlung. Ihre Bezeichnung als „Schwellenwesen" bedeutet, dass die Zwillinge ein Transitleben zwischen Geistern und Menschen führen. Diese Gott-Mensch-Verschränkung in der Seele der Zwillinge erklärt es auch, warum sie – nach dem Yorubakult – anbetungswürdig sind. Hinzu kommt, dass im Falle des Todes von einem der Zwillinge, eine kleine Maske bzw. Holzfigur geschnitzt werden muss. Diese Holzfigur dient dem zweiten lebenden Zwilling als Schutzgeist.

b. Taiye Selasi bedient sich einiger Merkmale der afrikanischen Oratur. Ein besonderer Akzent wird z. B. auf Wiederholungen von Wörtern gelegt, wie in der folgenden Textstelle deutlich wird, wo es sich um die Erinnerung an den nach Ghana abgetauchten Vater geht:

> Aber so wie sie die Geschichte jetzt erzählte, war der Vater nicht mehr dabei.[…] Nicht tot. Nie tot. Sie wünschten sich nie, ihr Vater wäre tot, sie taten nie so, als wäre er tot. Nur getilgt, abgetrennt. Existenz verweigert, gegenwärtig nur in Abwesenheit und Schweigen. Reduziert auf eine Idee. Nicht mehr als ein Gedanke. Und ein Gedanke, der an und für sich eine Zusammenstellung von Wörtern war, das heißt, von Wörtern, die sie nicht verwendeten – also, ein Gedanke, den sie nicht dachten.[198]

Hier merkt der Leser, dass es sich um die Geschichte einer Existenz zwischen Leben und Tod handelt. Allein die vierfache Wiederholung des Wortes „Tod" in diesem Passus mag auf die Brisanz dieser dysfunktionalen Familie hinweisen. Die Literaturkritikerin Sigrid Löffler analysiert die Thematik des Todes dahingehend, dass Selasi damit „d(as) Scheitern eines vielversprechenden Integrationsprojekts am unterschwelligen amerikanischen Rassismus, d(as) Zerbrechen und neuerlichen Zusammenfügen einer entorteten, globalisierten Familie"[199] darstelle. Als Begründung für das Scheitern der Integration nennt Löffler den unterschwelligen amerikanischen Rassismus. Dies mag zwar einen Grund sein, dennoch möchte man sich fragen, ob der Vater sich – mit Blick auf seine Verantwortung für die Familie – nicht fahrlässig verhält, indem er seinen Scham und seine individuelle Ehre bevor zieht.

---

197 Ebd., S. 109.
198 Ebd., S. 52.
199 Löffler, Sigrid, op. cit., S. 88.

c. Am Beispiel dieses gescheiterten Integrationsprojektes mit Bezug auf Taiwos Vater ließe sich die gegenwärtige gesellschaftlich relevante Thematik der Integration, ihre Chancen und Gefahren eindrucksvoll nachweisen. Wie im ersten Kapitel der vorliegenden Studie vorgeschlagen, wird mit Selasis Geschichte das Plädoyer für die *Stärkung des Zugehörigkeitsgefühls* evident. Im Roman kehrt der Vater der Heldin aus Scham und Schande zurück nach Afrika. Sein Zugehörigkeitsgefühl zur amerikanischen Gesellschaft wird rasch durch die unglückliche Kündigung modifiziert.

d. Die kunstvolle Darstellung der afropolitischen, transitorischen Identität ließe sich als Chiffre einer neuen Identitätsbeschreibung vieler Weltbürger u. a aus Indien, Brasilien und China analysieren. Die literarische Botschaft liegt in der Auflösung von Monoidentitäten zugunsten von Patchwork-Identitäten, die sich im transkontinentalen Prozess stets verändern und mutieren.

7. Konfluenz Euroamerika-Afrika: *Tor der Tränen* / *In den vereinigten Staaten von Afrika* (Abdourahman Waberi)

Spätestens seit dem Erscheinen seines Romans *In den Vereinigten Staaten von Afrika* (franz. Original *Aux Etats-Unis d'Afrique*) im Jahr 2008 gilt der aus Dschibuti stammende Romancier Abdurahman Waberi als ein scharfzüngiger und aufwühlender Chronist des globalen Verhältnisses zwischen Nord und Süd. Dabei ist er stets darum bemüht, nicht nur die geopolitischen Abhängigkeitsmechanismen zu entlarven, sondern auch die Möglichkeit oder Unmöglichkeit kultureller Symbiosen auszuloten. So schildert er in seinem Roman *Tor der Tränen*,[200] erschienen 2011 (dieser Titel des Romans *Tor der Tränen* suggeriert eine Ähnlichkeit zu Walter Benjamins *Passagen-Werk,* was im französischen Original *Passages des larmes (2009)* besser zum Ausdruck kommt.), den Konflikt zwischen zwei gegensätzlichen Zwillingsbrüdern: Dschibril, einem durch und durch verwestlichen Emigranten und dem Extremisten Dschamal, der von sozialen Problemen geplagt und infolgedessen auf die Bahn des Islamismus und Terrorismus geraten ist. Beide Brüder erblicken 1977, am Tag der Unabhängigkeit ihrer Heimat Dschibuti, das Licht der Welt und werden durch eine angespannte Familienlage früh entzweit. Dschibril, im Text Dschib genannt, geht mit 18 Jahren nach Kanada, absolviert ein Informatikstudium und erhält danach einen einwöchigen Werkvertrag beim nordamerikanischen Unternehmen

---

200 Waberi, Abdourahman: *Tor der Tränen*. Aus dem Französischen übersetzt von Katja Meintel. Hamburg: Edition Nautilus 2011, S. 33.

Adorno Location Scouting.[201] Hauptziel des mit einem Aufenthalt in der Heimat verbundenen Auftrages besteht darin, „[d]ie Stimmung vor Ort zu sondieren, mich [Dschibril] zu vergewissern, dass das Land sicher, die Situation stabil und die Terroristen unter Kontrolle sind."[202] Diese Sicherheit ist deswegen primär zu erkunden, weil das am Horn Afrikas liegende Dschibuti mit seinem geologischen Profil ein beachtetes Uranpotential aufweist, zumal Piraten und Islamisten auf diesem Tor der Tränen zum Roten Meer öfters unterwegs sind, um „den Dar al-islam, die Gemeinschaft der Gläubigen, gegen die Angriffe der Kreuzfahrer zu verteidigen."[203] Gerade von jenen Terroristen wird der Informationssammler Dschibril beschattet, allen voran von seinem Zwillingsbruder Dschamal, der eine Schlinge um ihn zieht, wie im folgenden Passus deutlich wird:

> Du verstehst meine Entscheidung wahrscheinlich nicht. Du bist nicht von dieser Welt. Du bist nicht mehr von dieser Welt. Durch die Gnade des Allwissenden haben sich unsere Wege sehr früh getrennt. Wir verkehren nicht mit denselben Leuten; wir wohnen nicht in denselben Städten. Wir atmen nicht dieselbe Luft. Wir sind so gegensätzlich wie Tag und Nacht.[204]

Beide Brüder, so verschieden sie sind, werden durch die Lektüre des deutschen Philosophen Walter Benjamin virtuell verbunden. Der Roman endet mit der Ermordung des völlig veränderten Dschibrils.

Für den Fragenkomplex des transkulturellen Lernens scheint mir dieser Roman sowohl ist seiner dezidierten Kritik an binären Ideologien, an den islami-

---

201 Die Bezeichnung *Adorno Location scouting* kann auf zwei wichtige Sachverhalte im Leben Walter Benjamins, den Waberi rezipiert, zurückgeführt werden: Erstens mag sie auf die tatkräftige Unterstützung von Adorno für Benjamin deuten, vor allem bezüglich des *Passagen-Werks*: „Für die Fortsetzung des Passagenwerks waren eine Anzahl von Begegnungen mit Adorno wichtig, die zu ausgedehnten Diskussionen führten. Nachdem die Freunde sich Anfang 1936 zum ersten Mal seit Beginn des Exils wiedergesehen hatten, kam Adorno im Laufe des Jahres noch zweimal nach Paris; im folgenden Jahr traf man sich im März wiederum in Paris und die Jahreswende 1937/38, vor Adornos Übersiedlung nach den USA, in San Remo." Cf. Benjamin, Walter 1982: *Das Passagen-Werk*. 3 Teile, ungekürzte Volksausgabe, Rolf Tiedemann (ed.), Muri: Detlef Holz Verlag, S. 1144f. Für die Briefe zwischen Adorno und Benjamin siehe insbesondere die Zeugnisse zur Entstehungsgeschichte, S. 1081–1205. Zweitens mag die Bezeichnung den Leser an den seit 1934 nach New York umgezogenen Hauptsitz des Instituts für Sozialforschung erinnern, dessen Leiter Max Horkheimer war.
202 Waberi, S. 14.
203 Ebd. S. 120.
204 Ebd., S. 21.

schen Fundamentalismus als auch in seinen zahlreichen intertextuellen Bezügen zur Philosophie Walter Benjamins ergiebig zu sein. Waberi gelingt es, anhand der Poesie, den Fundamentalismus einer Kritik zu unterziehen und eine Parado-xie terroristischer Organisationen bzw. sogenannter Gotteskriegern aufzuzeigen. Er vermittelt dem Leser, am Beispiel Dschamals, wie diese Gruppierungen in ihrem vermeintlichen Kampf gegen den Westen einerseits von der Philosophie westlicher Gelehrter vereinnahmt sind, und andererseits einen Kampf gegen eine kulturelle Verwestlichung führen, wie bereits mit Bassam Tibi ausgeführt wurde. Denn für diese Fundamentalisten ist die moderne Welt dekadent: „Ist die diesseitige Welt vielleicht nichts weiter als eine unbeholfene Improvisation? Die alten europäischen Großmächte sind in einem Ozean der Dekadenz versunken. Die unlängst verachteten jungen Nationen erheben wieder das Haupt, wobei sie sich mühen, ausgedehnte Rebellionen zu entfachen, doch sie haben sich von ihrem Glauben losgesagt".[205] Aus dieser Passage lässt sich das schablonenhafte Weltverständnis extremistischer Gruppierungen herleiten. Die kulturellen Er-rungenschaften aus dem europäischen Kontinent werden deswegen abgelehnt, weil europäische Länder, so die Einbildungen dieser Gruppierungen, in einer ozeanischen Dekadenz verharren und somit – zu Unrecht – als Länder der Un-glaube abgestempelt wird.

Im Kapitel „Revolte in der Wüste" beschreibt der Erzähler die Funktionsbe-stimmung des terroristischen Fundamentalismus, die darin liege „das Herz die-ser verderbten Welt entzweizuschlagen, ihre Fundamente zu zerstören, sie in die Flammen zu werfen und das Kommen eines vernünftigeren und maßvolleren Welt voranzutreiben, die ganz und gar dem Höchsten Buch unterworfen sein wird."[206]

Die Erzählperspektive des Islamisten Dschamal, der sich als ein „merkwürdi-ger Erzähler"[207] betrachtet, ist für unsere Analyse gewinnbringend. In der Tat ist seine Stimme die Summe zweier anderer *Substimmen*: (a) Die Substimme seines mit ihm eingekerkerten Mentors, womöglich der Chef der terroristischen Or-ganisation, dessen Aussprüche Dschamal wiedergibt. Im Text heißt es: „Nach seinem Diktat schreibe ich auf alte Papierstücke, die der Wind bis in unsere Zelle trägt."[208] oder noch deutlicher an einer anderen Stelle: „Ich bin nichts weiter als der Schreiber unseres sehr frommen und sehr ehrwürdigen Meisters. Ich bin der

---

205   Waberi, S. 101.
206   Ebd., S. 127.
207   Ebd., S. 133.
208   Ebd., S. 54.

Funke, der unter dem Atem seines Wortes aufstiebt."[209] Diese Zeilen legen nahe, dass Dschamal im Grunde nicht agiert, sondern nur *reagiert* bzw. als Stellvertreter fungiert. Ihm wird einiges diktiert, und dies im wahrsten Sinne des Wortes. Er wird instrumentalisiert und agiert auf Gedeih und Verderb nach den Worten eines Meisters, der sich wiederum angeblich auf den Koran bezieht. Dies wird auch bekräftigt mit einer Anhäufung von Zitaten aus dem Koran wie z. B. die erste Sure des Korans, die ‚Fātiha', die im Text mehrmals (z. B. auf den Seiten 19, 29 und 43) vorkommt:

> Im Namen Allahs, des Barmherzigen, der voller Barmherzigkeit ist. Lob sei Allah, dem Herrscher der Welten. Dem Barmherzigen, der voller Barmherzigkeit ist, dem Herrn des Gerichtstages. Allah beten wir an, zu Allah flehen wir. Allah, der uns auf den rechten Weg führt, den Weg derer, die Allah mit Wohltaten überhäuft, und nicht den Weg derer, die Allah erzürnen und von seinem Weg abkommen.[210]

Die zweite Substimme ist die von Walter Benjamin, dessen Biographie Dschamal in einem Erdloch seiner Zelle entdeckt. Diese Benjamin-Stimme wird dadurch markiert, dass er im Fließtext zitiert wird:

> »Ich muss meinen Weg voller Begeisterung weitergehen. Auf ein Wort Paris! Das ganze Erdenrund wird sich mir darbieten. Meine Aufgabe in den kommenden Wochen wird es sein, die Menschen wachzurufen für die Welt. Ein alter tief vergrabener Traum wird an die Oberfläche steigen und an Kraft gewinnen.«[211]

Oder an einer anderen Textstelle: „Wie seltsam ist dieses fruchtlose Warten doch für Sie, der Sie eins sagten, Paris sei »der große Lesesaal einer Bibliothek, durch die die Seine fließt«."[212] Hier drängt sich die Frage auf, warum gerade diese Benjamin-Passage? Was bildet hier die intertextuelle Dynamik? Meiner Lektüre nach ließe sich die von Dschamal fast göttliche gepflegte Identifikation mit Benjamin durch den in dieser Passage angekündigten Messianismus begründen. Dass Benjamin seine Aufgabe darin sieht, „die Menschen wachzurufen für die Welt" entspricht im Grundsatz dem Leitgedanken von Dschamal, auch wenn die Definition von „Welt" bzw. Weltordnung different ist. Dschamal – und seine

---

209   Ebd., S. 20.
210   Ebd., S. 43.
211   Ebd., S. 116.
212   Waberi, S. 73. Mit Bibliothek ist hier wohl die Pariser Bibliothèque Nationale gemeint. In seinem Brief vom 8. Juli 1935 an den Direktor der Pariser Bibliothek bittet Benjamin um die Erlaubnis für die Konsultation einiger Werke, in der die erotische Facette des Pariser Lebens („côté érotique de la vie parisienne") behandelt wird. Cf. Benjamin, *Das Passagen-Werk*, op. cit., S. 1125.

extremistische Bande – streben nach der Errichtung einer Gottesstadt, ja nach einer Weltordnung, in der Begriffe wie Transkulturalität oder Transreligiosität verpönt und nahezu blasphemisch sind. Wie bei Dschibril wird Dschamal von der Art und Weise fasziniert, wie Walter Benjamin Geschichte erzählt: „[…] nichts lieben Sie mehr, Ben[213] als einzelne Teile wieder zusammenzufügen, indem Sie Geschichten erzählen. Indem Sie Geschichten übereinanderstapeln wie bei den Palimpsesten des Mittelalters.“[214] Dschamals Identifikation mit Benjamin geht aber noch tiefer, denn er betrachtet Benjamin als „wahren Poet“[215], lässt sich von ihm einnehmen und entdeckt in seiner Philosophie sogar Parallelen zum eigenen Leben: „Das Wesentliche ist, dass die Geschichte von Walter Benjamin, dem im Pariser Exil lebenden Philosophen, sich in mein Leben eingemischt hat. Dass sie mich gefangen genommen, ja erobert hat“[216]. Dementsprechend werden fast alle aus Dschamals Perspektive erzählten Kapitel strukturell in zwei Teilen gestaltet: Der erste Teil beginnt mit einem der 28 Buchstaben des arabischen Alphabets: Alif, Bā, Tā, Thā etc., ähnlich wie bei Benjamins *Passagen-Werk*, in dem einige Kapitel mit den Buchstaben des Alphabets (also A, B, C …) eingeleitet sind. Hier sei angemerkt, dass bei Benjamin der Titel des Kapitels in eckigen Klammern unter dem Alphabet steht. Der zweite Teil beginnt mit der Formel: „Das Buch von Ben…“. Darin setzt er sich mit den Gedanken und Lehren von Walter Benjamin auseinander. Man sieht: Benjamin stellt inhaltlich und strukturell europäische Ideale dar. Die Konfluenz wird demnach für den Benjamin-Kenner teilbar.

In dem oben genannten Roman *In den Vereinigten Staaten von Afrika* dreht sich die Handlung nicht um den Fundamentalismus, sondern primär darum, die geopolitischen Weltordnungen zwischen Afrika und Euroamerika in satirischer Spiegelung auf den Kopf zu stellen und somit dem Leser eine neue *Denkmöglichkeit* zu vermitteln. Sie erfolgt durch eine Uchronie, also einer Verzerrung von vertrauten und allgemein gültigen Normen und Regeln zwischen Nord und Süd. Hier werden Europa und Amerika nicht als Geldgeber, nicht als Entwicklungshelfer für afrikanische Länder bzw. Länder der ‚Dritten-Welt‘ und auch nicht als begehrte Orte für Asylsuchende und Flüchtlinge aus Afrika dargestellt. Im Gegenteil produzieren Äthiopien und Länder aus dem Nachosten Nahrungsmittelüberschüsse, mit denen Europa, Japan und Amerika unterstützt werden. Im Text heißt es: „Französische, spanische, flandrische oder luxemburgische Schulkinder,

---

213   Hiermit ist Walter Benjamin gemeint.
214   Waberi, S. 131.
215   Ebd., S. 94.
216   Ebd., S. 156.

heimgesucht von Kwashiorkor, Lepra, grünem Star oder Kinderlähmung, verdanken ihr Überleben allein den Nahrungsmittelüberschüssen vietnamesischer, nordkoreanischer oder äthiopischer Landwirte, und das seit Anbeginn der Welt."[217] Hinzu kommt, dass das Zentrum für politische Entscheidungen nicht mehr Brüssel ist, sondern die friedliche Stadt Banjul, wo sich die Spitzen der internationalen Diplomatie immer treffen, um über das Schicksal von Flüchtlingen aus Österreich, Kanada, Amerika, Norwegen, Belgien, Bulgarien und Großbritannien zu entscheiden. Grund hierfür sind Klagestimme etwa von einem Professor der *Kenyatta School of European and American Studies*, der behauptet: „die Vereinigten Staaten von Afrika könnten nicht länger das Elend der ganzen Welt aufnehmen."[218] Finanzmärkte werden nicht mit Euro und Dollar abgewickelt, sondern es wird mit der US-afrikanischen Währung „Guinee" sowie mit dem „AfriCard" gezahlt. Die Weltbank residiert hier im fiktiven Ort Asmara. Afrika wird zum Schau- und Drehplatz der Welt: „Mehr denn je lockt unsere afrikanische Erde heute alle möglichen von Armut gezeichneten Menschen an"[219] heißt es im Text. Geographische Koordinaten der Romanwelt bilden Straßen, Universitäten und berühmte Plätze, welche dem Leser hochrangige und reale Vorreiter des Panafrikanismus, Streiter der afro-amerikanischen Bürgerrechtsbewegung und große Staatsmänner und Dichter vermitteln wie z. B. Kwame Nkumah, Kankan Moussa, Ousman Dan Fodio, Haile Selasi, Julius Njerere, Nelson Mandela aber auch Aimé Césaire, Desmond Tutu, Leopold Sédar Senghor, Cheikh Anta Diop und Frantz Fanon. Berühmte afrikanische Musiker und Künstler wie Chris Seydou, Zacharie Onana, Abdullah Ibrahim, Oum Kalsoum und Franklin Boubaka werden der Protagonistin des Romans – die nach der indischen Göttin und Schöpferin des Universums benannten Maja – vorgestellt. Neologismen, veränderte Namen wie z. B. *Hippos-Autos*, *AfroCola* oder *McDioula* (eine Anspielung auf das afrikanische Händlervolk *Dioula* sowie auf verschiedene Denotation dieses Begriffes) bilden das Substrat dieses poetischen Verzerrungsgebildes.

Für das Anliegen dieses Buches, nämlich das transkulturelle Lernen, ist dieser Roman deswegen aufschlussreich:

(a) weil er zahlreiche Namen afrikanischer Persönlichkeiten und Sehenswürdigkeiten nennt und prämiert. Namen, die in westlichen Bildungsmaterialien kaum anzutreffen sind.

---

217 Waberi, Abdourahman A.: *In den vereinigten Staaten von Afrika*. Aus dem Französischen übersetzt und mit einem Nachwort versehen von Katja Meintel. Hamburg: Nautilus 2008. S. 10.
218 Ebd., S. 12.
219 Ebd., S. 22.

(b) weil der Autor nicht in die Falle einer illusorischen Separierung der Nord-Süd-Räume tappt, und schon gar nicht mit einem Apartheid- Schema operiert. Seine originell-dreiste Verzerrung gipfelt keineswegs in eine zynische Spöttelei, sondern fordert den Leser auf, sich *vor*-zustellen, das „eine andere Welt möglich" [220] ist.

(c) weil die Wahl der Du-Form zwischen dem Erzähler und der Protagonistin Maja hier nicht grundlos geschieht, sondern dazu dient, die verquere Welt in die Nähe des Lesers zu rücken, damit er sich selbst in das andere unbekannte hineinversetzt, um dessen Leiden und Plagen mitfühlen zu können.

(d) Weil Waberi, anhand vorheriger Texte ausgeführt, Literatur als ein effizientes Mittel der Transkulturalität begreift, wie er noch in folgender Passage bekundet

> Wenn die Erzählungen neu aufblühen, wenn Sprachen, Worte und Geschichten erneut im Fluss geraten, wenn die Menschen lernen, sich mit den Figuren jenseits der Grenze zu identifizieren, dann wäre das ganz sicher ein erster Schritt in Richtung Frieden. Sich in andere einzufühlen, hineinzuversetzen, mitzuleiden – diese Geste ist die Lösung."[221]

Die Kraft sowie Wirkung des heiß erwünschen Dialogs inszeniert der Erzähler selbst, indem er sich an die Protagonistin Maja wendet und prognostiziert: „Nur so viel noch, Maja: Du bist felsenfest davon überzeugt, dass der stille Dialog beim Lesen tatsächlich Prüfstein und Auftakt zu Millionen von Dialogen sein wird, die laut und in aller Öffentlichkeit stattfinden werden. Auf diese Weise wird Frieden in die Welt kommen."[222]

Man mag Waberi als zu optimistisch sehen, wenn er in die Literatur *die* Lösung einiger Weltprobleme findet. Dennoch scheint mir seine These insofern plausibel, insofern Literatur, wie oben erwähnt, dem Leser einige *Denkmöglichkeiten* an die Hand geben will. Literatur kann dem Leser helfen zu verstehen, warum Nord-Süd-Beziehungen im Verlauf mehrerer Jahrtausende im Wesentlichen nichts besser geworden ist. Aufgabe der Literatur ist, wie die Lektüre Waberis Roman plastisch zeigt, die Welt-Wirklichkeit so verwirrend darzustellen, um die gesamte Palette menschlicher Eigenarten in den Fokus zustellen.[223]

---

220 Vgl. Waberi, *In den vereinigten Staaten von Afrika.* S. 62.

221 Ebd., S. 123.

222 Ebd.

223 Hier beziehe ich mich auf einige Tendenzen über Literatur, die von Jürgen Wertheimer skizziert wurde. Vgl. hierzu Wertheimer, Jürgen: *Verzweifelte Optimisten – Autoren als Vorkämpfer und Skeptiker im Kampf um Menschenrechte.* In: Globale Kulturen – Kulturen der Globalisierung, op. cit., S. 17–27, S. 18.

Zusammenfassend lässt sich hier festhalten, dass das transkulturelle Potential literarischer Werke nicht darin bestünde, eine fertiggestellte Lösung bzw. absolute geltende Maßnahmen zu verordnen. Ihre Rolle ist lediglich verschiedene Stimmen zu Tage zu fördern, damit der Leser Denkmöglichkeiten und unterschiedliche Handlungsvarianten offeriert bekommt. Aufgrund dessen kann er seine Flexibilität schulen und Radikalität bzw. Absolutheitsansprüche in kultureller wie religiöser Hinsicht konterkarieren, um seine transkulturelle Kompetenz zu schärfen.

Kapitel IV: Transkulturelle Kompetenz: Schule und Gesellschaft im Fokus

> „Sinnig zwischen beiden Welten
> Sich zu wiegen lass ich gelten;
> Also zwischen Ost- und Westen
> Sich bewegen sei zum Besten!"[224]
> (Johann Wolfgang Goethe)

1. Transkulturelles Verstehen

Im Folgenden wird der Fokus transkulturellen Lernens u. a. auf den schulischen Kontext gelegt. Denn Schule ist bekanntermaßen neben der Familie die Instanz, welche das Heranbilden und die Integration von Kindern und Jugendlichen in die Gesellschaft sukzessive vorbereitet. Schule ist demnach ein bewährtes Probierfeld für Horizonterweiterungen und Bereicherungen an Perspektiven und somit ein Ort der Ent-Fundamentalisierung. Dass die Kultusministerkonferenz vom 25.10.1996 zum Thema „Interkulturelle Bildung und Erziehung in der Schule" ausdrücklich einen grundlegenden Perspektivenwechsel empfiehlt, ist kein Zufall, sondern folgt einer konsequenten Reaktion auf die Internationalität unserer heutigen Welt. Dort heißt es unter Punkt 1 „Ausgangslage": „Das ausgehende 20. Jahrhundert ist von einer zunehmenden Internationalisierung geprägt; ökonomische, politische und soziale Entwicklungen vollziehen sich in hohem Maße in weltweiten Bezügen. Lösungen für Schlüsselprobleme erscheinen nur noch im Bewusstsein einer Welt tragfähig."[225] Interessant und wichtig für unseren Ansatz des transkulturellen Lernens ist hier das Plädoyer für das „Bewußtsein einer Welt". Dies impliziert keineswegs Homogenität, sondern lenkt unsere Aufmerksamkeit auf Differenzen, die zwar nicht verschleiert, aber auch nicht verabsolutiert werden dürfen. Auch die von der EU geförderten großen Austauschprogramme wie COMENIUS oder Erasmus Mundus legen einen Fokus auf interkulturelle Öffnung und haben eine Verbreitung interkultureller Praxis auf ihrer Agenda. Dies, weil Schulen (aber auch Hochschulen) im Zuge

---

224 Goethe, Johann Wolfgang: *West-östlicher Divan.* Gesamtausgabe. Op. cit., S. 267.
225 Kultusministerkonferenz (KMK): *Empfehlung „Interkulturelle Bildung und Erziehung in der Schule."* Beschluss der KMK vom 25. Oktober 1996. Bonn.

der Internationalisierung so plurikulturell wie noch nie zuvor geworden sind. Heterogenität wird demzufolge zu einer existentiellen Lebens- und Bildungsbedingung.

In seinem Buch *Einführung in die interkulturelle Pädagogik* stellt Georg Auernheimer Folgendes fest: „Es gilt, Fremdheit und Verstehen als pädagogische Grundprobleme zu begreifen."[226] Die Begründung hierfür liegt darin, dass die pädagogische Praxis generell mit Schwierigkeiten des Verstehens aufgrund von Generations-, Geschlechtsdifferenzen etc. konfrontiert sei.[227] Daher sollte jede Lehrkraft versuchen, sich der Lebenswelt seiner SchülerInnen zu nähern.[228] Am Beispiel eines westafrikanischen Sprichworts möchte ich auf das Wortpaar ‚transkulturelles Verstehen' näher eingehen: „Die Welt ist ein Maskentanz. Wenn du sie verstehen willst, kannst du nicht an einer Stelle stehen bleiben." Der Terminus *Maske* im „Maskentanz" deutet auf die nicht unmittelbar sichtliche Facette der Welt. Um sie zu verstehen, oder an ihr teilzuhaben, ist es erforderlich, nicht stabil zu sein, sondern sich stets auf Wandel, auf Veränderung eigener Normen und Traditionen einzustellen. Das interkulturelle Verstehen geht also mit einem „Mobilitätsprinzip" einher. Auf die Bedeutung dieses Sprichworts geht der nigerianische Literat Chinua Achebe ein:

> Man benutzt es, [das Sprichwort, N.S] wenn man Menschen mitteilt, dass sie sich nicht so tief in etwas verbohren sollen, dass sie die Möglichkeit einer Veränderung nicht sehen. Die Welt ist im ständigen Fluss, und wir, als Bewohner der Welt, müssen lernen, uns anzupassen, uns zu verändern, uns zu bewegen.[229]

Achebes Erläuterung kann auf drei Wörter reduziert werden, die das Ganze wiedergeben: **Anpassung, Veränderung, Bewegung**. Diese drei Termini bilden das Arsenal der Mobilität. Was den ersten Terminus Anpassung angeht, so ist sie eine operationelle Kunst, das kulturell Andere mit den eigenen kulturellen Traditionen zu vereinen. Genau dies findet man bei dem französischen Philosophen Albert Camus, der das „Vereinen" als Dreh- und Angelpunkt des Verstehens postuliert: „Quels que soient les jeux de mots et les acrobaties de la logique, comprendre c'est avant tout unifier."[230] („Welche Wortspiele und Verrenkungen die

---

226 Auernheimer, Georg: *Einführung in die interkulturelle Pädagogik*. 6. Aufl. Darmstadt: WBG, 2010. S. 55.

227 Vgl., ebd.

228 Vgl., ebd.

229 Achebe, Chinua: Interview mit Ulli Beier. In: Beier, Ulli: *Auf dem Auge Gottes wächst kein Gras. Zur Religion, Kunst und Politik der Yoruba und Igbo in Westafrika*. Op. cit.

230 Camus, Albert: *Oeuvres Complètes* (L'Etranger, Le mythe de Sisyphe, Caligula, Le Malentendu). Paris : Ed. du club de l'Honnête Homme 1983, S. 146.

Logik auch anstellen mag – Verstehen heißt vor allem vereinen.") Indem ich Elemente meiner kulturellen Prägungen mit Konstrukten einer neuen, unvertrauten Kultur vereine, setzte ich eine Veränderung in meine Art und Weise, Dinge und Sachverhalte wahrzunehmen, um zu einem angemessenen Wissen zu gelangen. Bezüglich des Wissens tauchen vor allem folgende Fragen auf, nämlich:

1. *Wie viel Wissen brauchen Lehrkräfte, um den Herausforderungen eines Klassenzimmers gewachsen zu sein?*
2. *Wie muss dieses Wissen gestaltet werden?*

Die Frage der Quantität des Wissens lässt sich nicht leicht beantworten und hängt zudem von der jeweiligen Person ab. Eines lässt sich dennoch sagen: Die inter- bzw. transkulturell kompetente Lehrkraft braucht keine transkulturelle Supernova, sondern sollte die Zeichen der unterschiedlichen Kulturen so exakt wie möglich lesen, analysieren und übersetzen können.[231] Die zweite Frage, nämlich die der Gestaltbarkeit dieses Wissens scheint mir vielmehr von entscheidender Bedeutung, weil eine Lehrkraft zwar über versierte Kenntnisse und Fertigkeiten von anderen Ethnien und Völkergruppen verfügen und dennoch sein Ziel, nämlich das transkulturelle Verstehen, verfehlen kann. Dies weil die Lehrkraft in einer gewissen Situation oder in einem heiklen Kontext nicht genug Obacht gegeben hat. In so einer Lage erreicht sie das Gegenteil dessen, was sie wollte. Das Verstehen bzw. das Streben nach einem Verstehen wird zum Miss-Verstehen. Hier sei ein Beispiel angeführt: *Eine Lehrkraft möchte ein internationales Frühstück organisieren, damit alle Schüler in Erfahrung bringen, wie vielfältig Frühstückskulturen in unserer Welt sind.* Auf dem ersten Blick ist diese Initiative begrüßenswert, denn die Lehrkraft weißt vermutlich, dass es nicht selten ist, dass Türken gerne schwarzen Tee trinken und Fladenbrot mit Moussaka und Oliven essen, dass bei vielen (nicht allen) Afrikanern auch Bohnen zum Frühstück gehört. Aufgrund der Tatsache, dass die Schülerschaft größtenteils in Deutschland zur Welt gekommen ist und die Herkunftsländer ihrer Eltern bzw. Großeltern lediglich in den Sommerferien besuchen, sollte die Lehrkraft keinen der Schüler apostrophieren und erwarten, dass bestimmte Schüler nun und einzig mit bestimmen, festgelegten Nahrungsmitteln zum Fest erscheinen. Denn das führe zu einer Kulturalisierung, die in vielen Fällen nicht intendiert wurde. Eine gefährliche und teuflische Kulturalisierungsfalle liegt fast immer vor, wenn ein „Immerschon-Bescheid-Wissen-über" an die Stelle eines methodisch kontrollierten

---

231 Vgl. Jürgen Wertheimer: *Vom „Dialog der Kulturen" zu den „Kulturen des Dialogs".* In: Kulturen des Dialogs, op. cit., S. 11–19. Hier S. 17ff.

Einzelfallverstehens tritt.[232] Genau hier ließe sich die Rolle der Literatur nochmals bekräftigen: weil sie ihren Fokus auf die Einzelfallprüfung legt, bricht sie dieses „Immer-schon-Bescheid-wissen" auf. Die Literatur dient zur Betrachtung der jeweiligen Fälle, weil sie uns, wie der Pädagoge Dieter Baacke unterstreicht, die Facettenhaltigkeit sozialer Situationen am ehesten vermittelt.[233] In Ihrem Buch *Grenzgänge*. *Pädagogische Lektüren zeitgenössischer Romane* attestieren die Pädagogen Hans-Christoph Koller und Markus Rieger-Ladich literarischen Texten eine einzigartige Differenziertheit, womit individuelle Fälle detailreich beschrieben werden: „Als Besonderheit der (Erzähl-)Literatur gelten dabei vor allem die Konkretheit, Anschaulichkeit und Differenziertheit, mit der darin je individuelle Erfahrungen beschrieben werden."[234] Dass Literatur kraft dieser Eigenschaften eine besondere Rolle in Bildungseinrichtungen spielen kann, bekräftigen beide Pädagogen noch wie folgt: „Die differenzierten Beschreibungen pädagogisch relevanter Sachverhalte und Situationen, wie sie in literarischen Texten zu finden sind, sollen der Erziehungswissenschaft [...] neue Erkenntnisse erschließen, indem sie Dimensionen und Aspekte der Erziehungswirklichkeit erhellen, die anders nicht oder nur schwer zugänglich zu sein scheinen."[235] Daraus ließe sich herleiten, dass Literatur eine tragende Rolle in der Erziehungswirklichkeit spielt, indem sie verschiedene Deutungsräume eröffnet. Das Wort *Erziehungswirklichkeit* meint hier die konkrete Erziehungspraxis, wo Lehrkräfte nicht selten vor der Schülerschaft herausgefordert sind. Erziehungswirklichkeit übertrifft in manchen Fällen pädagogische Ansätze bzw. Theorien, die bisweilen auf ihre Grenze stoßen.

Das Wissen über Gefühle, Verhaltensweise oder Bekleidungsart einer bestimmten Kultur ist keine hundertprozentige Garantie für die Erschließung von Einzelfällen dieser Kultur. Insofern sollte man sich seines Wissen nicht rühmen und den „Experten-für–alles" spielen. Man sollte eher mit einer bescheidenen

---

232 Vgl. Kiesel, Doron / Volz, Fritz Rüdiger: „*Anerkennung und Intervention". Moral und Ethik als komplementäre Dimensionen interkultureller Kompetenz*. In: Interkulturelle Kompetenz und pädagogische Professionalität. 3. Aufl. Hrsg. von Auernheimer, Georg Wiesbaden: Verlag für Sozialwissenschaften 2010, S. 67–80, S. 76.

233 Vgl. Baacke, Dieter: *Ausschnitt und Ganzes. Theoretische und methodologische Probleme bei der Erschließung von Geschichten*. In: Aus Geschichten lernen. Zur Einübung pädagogischen Verstehens. Hrsg. von Baacke, Dieter [u.a.] , S. 11–50, S. 11.

234 Koller, Hans-Christoph / Rieger-Ladich, Markus: *Einleitung* zu: Ders. (Hg.), *Grenzgänge. Pädagogische Lektüren zeitgenössischer Romane*. Bielefeld: Transcript 2005, S. 7–17, S. 9.

235 Ebd.

Haltung operieren und sein Wissen als Annäherung an die andere Kultur betrachten. Denn Wissen ist kein Selbstzweck. Vielmehr sollte es ein Mittel zum Aufbau von Weltvorstellungen oder – noch wichtiger – ein Medium für ständige Auseinandersetzung mit der Welt darstellen.[236] Der Sozialpädagoge Hans Thiersch hat in seinem fulminanten Aufsatz mit dem Titel „Verstehen oder kolonialisieren" die Schwierigkeiten des Verstehens reflektiert. Diese lägen vor allem bei der Person, die verstehen will, denn „Erleben und Ausdruck des anderen, erschließen sich nur dann, wenn der, der versteht, sich als Subjekt in den Verstehensprozess mit einbringt, sich selbst gleichsam als Instrument zur Erschließung fremder Wirklichkeit nutzt [...] Verstehen heißt, sich auf Anderes, Fremdes, Befremdliches einzulassen."[237] Solange jedes Wissen nicht als Herrschaftswissen, nicht als autoritatives Wissen im Verstehensprozess missbraucht wird, solange Wissen nicht als Verheißung, die alle Probleme wie mit einem Zauberstab lösen kann, sondern nüchtern als eine Annäherung betrachtet wird, kommt das Wissen nicht zu einem *Ende*. Erst in der Anerkennung, dass im Wissen des Anderen immer ein *Rest* bleibt, das nicht hermeneutisch erfasst werden kann, verringert sich die Gefahr der Vereinnahmung durch das Verstehen. Für ein professionelles Handeln bedarf es somit einer Verschränkung von Wissen und Nicht-Wissen.[238] Dadurch werden sich kontinuierlich neue Perspektiven eröffnet, womit man das vorhandene Wissen auffrischt und erweitert. Wie in einem hermeneutischen Zirkel kann jeder Erweiterung des Wissenshorizonts eine weitere Ausdehnung folgen, so dass Verstehen immer prozesshaft, veränderlich bleibt. In seinem Buch *Den Fremden verstehen* konzeptualisiert Theo Sundermeier vier Stufen für das transkulturelle Verstehen:

1. Die *Phänomenebene*, in der es um ein Wertneutrales, sachliches Wahrnehmen des Neuen. Hier muss das Neue anhand einer beschreibenden Analyse objektiv erfasst werden.
2. Die *Zeichenebene*: Da es sich hier um das Verstehen der Zeichen wie z. B Sprache, Gestik, Kleidung geht, sollte hier kein Raum für Pauschalisierungen entstehen. Vielmehr sollte man mit Kontextualisierung operieren. Um

236 Vgl. Giesecke, Hermann: *Wie lernt man Werte? Grundlagen der Sozialerziehung.* Weinheim/ München: Juventa 2005, S. 134.

237 Thiersch, Hans: *Verstehen oder kolonialisieren? Verstehen als Widerstand.* In: Verstehen oder kolonialisieren. Hrsg. von Müller, Siegfried / Otto, Hans-Uwe. Bielefeld: Kleine 1984, S. 15–30, S. 23.

238 Vgl. Mecheril, Paul: *„Kompetenzlosigkeitskompetenz". Pädagogisches Handeln unter Einwanderungsbedingungen.* In: Interkulturelle Kompetenz und pädagogische Professionalität. 3. Aufl. op.cit. S. 16–34, S. 29.

die Zeichnen verstehen zu können muss man sich in die andere Kultur hineinbegeben.

3. Auf der *Symbolebene* geht es um ein Verstehen der Symbole, z. B. Sitten, Ritten, Verhaltensmuster. Auch hier braucht man ein hohes Maß an Sensibilität und Einfühlungsvermögen. Damit hier ein osmotischer Austausch stattfinden kann, muss man sich mit der fremden Religion und Kultur ,identifizieren'.

4. Die letzte Stufe ist die *Relevanzebene*: Darin geht es um Möglichkeit der Konvivenz, des gelingenden Zusammenlebens.[239] Hier kann jeder er selbst bleiben, ohne vereinnahmt zu werden, weil die Würde des anderen respektiert und gestärkt wird.[240]

Für das transkulturelle Lernen ist vor allem die Fragen der Zeichen und Symbole evident, denn hier gilt es die verschiedenen Bedeutungen zu betrachten, um nicht durch Vorurteile oder Stereotypen vorschnell zu beurteilen. Übertragen in unserem Kontext des transkulturellen Verstehens könnte man Folgendes formulieren: *Symbole und Zeichen können als Mittel der Befreiung für Lehrkräfte aus den Grenzen ihrer eigenen kulturellen Tradition dienen und ihnen ein Hineintauchen in die Lebenswelt der Schüler ermöglichen.*

Häufig geht es bei vielen Trainings zur transkulturellen Kompetenz um das ,Entschlüsseln' von ,fremden' Regeln und Symbolen. Auf der Agenda etlicher Fortbildungen und Trainings-Angebote wird in erster Linie der Fokus auf vermeintliche kulturelle Eigenheiten, auf Menschen mit Migrationsbiographie gelegt. Zwar wäre es illusorisch zu denken, dass wir in der Weltgesellschaft über Differenzen oder Fremdheit hinwegreden können. Dennoch tun wir gut daran, eine Essentialisierung und Verabsolutierung von Fremdheit und Differenz zu vermeiden. Mit der Polarisierung von Differenz und Fremdheit braucht man nicht mehr von Interkultureller Kompetenz zu reden, sondern von einer ,Fremdheitskompetenz'. Sobald Fremdheit polarisiert wird, ist der Schritt zur Apartheid, zum Separatismus, zur Parallelgesellschaft und dergleichen nicht so weit. Deshalb plädiere ich dafür, dass man die Kategorie der „Ähnlichkeit" (Similarity)[241] in der Diskussion um transkulturelle

---

239 Sundermeier, Theo: *Den Fremden verstehen. Eine praktische Hermeneutik.* Göttingen: Vandenhoeck &Ruprecht 1996, S. 13.

240 Vgl. Böhm, Uwe: *Soziales Lernen in der multikulturellen Schule.* In: Lehren & Lernen. Zeitschrift für Schule und Innovation aus Baden-Württemberg. Heft 7 (2010). Villingen-Schwenningen: Neckar-Verlag, 2010. S. 4–7, S. 6.

241 Vgl. Bhatti, Anil et al: *Ähnlichkeit. Ein kulturtheoretisches Paradigma.* In: Internationales Archiv für Sozialgeschichte der deutschen Literatur 36, 1 (2011), S. 233–247.

Kompetenz ernst nimmt. Der Ähnlichskeitsbegriff basiert auf der Annahme, dass kulturwissenschaftliche Analysen von Migrationsbewegungen und Integrationsstrategien, von Inklusion und Exklusion bisher den Fokus weitgehend auf Kategorien der Differenz und der Alterität legten, wodurch eine folgenschwere Identitätszuschreibung durch Grenzziehung erzeugt wurde. Der *Ähnlichkeitsblick* unterläuft diese Logik des „Eigenen-Anderen" und legt den Akzent auf das Moment des „Ineinandergreifens" und „Ineinanderfließens" kultureller Elemente. Er lenkt unsere Aufmerksamkeit auf übergreifende Momente der Gleichzeitigkeiten, um kulturelle und gesellschaftliche Diversität nicht unter den Kategorien Grenze, Dichotomie oder gar Zusammenstöße (Clash) zu erfassen.

2. Transkulturelle Kompetenz: Zwei Begriffsbestimmungen

In Anlehnung an den Ähnlichkeitsansatz möchte ich transkulturelle Kompetenz auf zwei Weisen definieren als:

(a) Ähnlichkeitsendeckungskompetenz

Ich meine damit die Fähigkeit einer Lehrkraft, ähnliche Konstrukte in einer anderen Kultur zu erforschen, zu entdecken, wahrzunehmen und der Schülerschaft zu vermitteln. In einer normalen Tübinger Grundschule sind heute etwa 40 Nationen und neben den Christentum und seinen Schattierungen eine Reihe von anderen Religionen wie z. B. Islam, Buddhismus und Hinduismus vertreten, so dass ein Klassenzimmer sehr geeignet für die Erprobung des Ähnlickkeitsblicks ist. Transkulturelle Kompetenz würde hier darin liegen, verschiedene Themen wie z. B. Speisevorschriften, Trennung der Geschlechter und Beschneidung, oder auch Fragen zur Familienkultur, zum Verständnis von Themen wie Vertrauen, Gewalt und Respekt zu erörtern. Die Lehrkraft sollte einige dieser Themen mit der Schülerschaft ausloten und konzise herausfinden, wo sich strukturelle Ähnlichkeiten ergeben. Bei religiösen Themen wie z. B. Gebetsrituale, Fasten, Abgabe an die Armen ließen sich diese mühelos herauskristallisieren. Weitere Themen wie Ehre und Scham wären auch für die Erkundung struktureller Ähnlichkeiten sehr fruchtbar. Der Ähnlichkeitsblick scheint mir heutzutage im Zeitalter der weltweiten Internationalität und Diversität lebenswichtig zu sein. Denn, wie Michel Foucault in seinem bahnbrechenden Buch *Die Ordnung der Dinge* schreibt, hat die Ähnlichkeit im Denken der abendlichen Kultur bis zum Ende des 16. Jahrhunderts eine tragende Rolle gespielt. Mit dem Anbruch der Neuzeit habe sich dagegen die grausame Vernunft der Identitäten und Differenzen durchgesetzt und die Ähnlichkeit in die niedere Sphäre der Unvernunft, der Einbildungen und Konfusionen verwiesen.[242] Dennoch wird mit Ähnlichkeit keine Gleichartigkeit gemeint, Differenzen werden nicht ausgeklammert, nicht aufgehoben, sondern mitgeführt und eingeklammert, wie im folgenden Schema verdeutlicht wird:

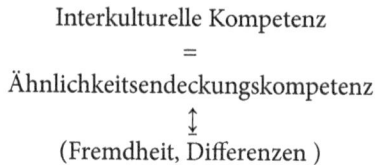

$$\text{Interkulturelle Kompetenz}$$
$$=$$
$$\text{Ähnlichkeitsendeckungskompetenz}$$
$$\updownarrow$$
$$(\text{Fremdheit, Differenzen})$$

Dass Ähnlichkeitsentdeckungskompetenz für die Schule und somit für das Klassenzimmer sehr wichtig ist lässt sich auch in einem Beschluss der Kulturministerkonferenz finden. Darin ist folgenden Passus zu lesen:

> Die internationale Verflechtung hat auch den Erlebnis- und Erfahrungshorizont Jugendlicher globalisiert und zur Ausprägung einer internationalen Jugendkultur beigetragen, in der individuelle Unterschiede in weltumspannenden Orientierungen und Konsumgewohnheiten eingeebnet erscheinen. Neben diesen Interessen*ähnlichkeiten* existieren aber Unterschiede in den Alltagserfahrungen Jugendlicher, die von ihrer unmittelbaren Lebenswelt, durch Sprache, Sozialisation, soziale Einbindung und weltanschauliche Orientierung geprägt sind.[243]

Es gilt also, wenn man transkulturell kompetent handeln will, diese Interessenähnlichkeiten in der Vermittlung von Kenntnissen sowie in der Entwicklung von Einsichten bei den Schülern stets zu fördern.

(b) Übersetzungskompetenz

Denn wie oben ausgeführt kann die Lehrkraft versierte Kenntnisse und Fertigkeit über ein Land oder eine Kultur besitzen und trotzdem in die Falle geraten, weil man die Eigenlogik einer Situation nicht ernst genug nimmt. Das impliziert, dass allein das Wissen nicht ausreicht. Man sollte dieses Wissen – wie oben ausgeführt – je nach Fall und Problemlage über-setzen können. Ich will hierzu zwei Beispiele anführen:

---

242 Foucault, Michel: *Die Ordnung der Dinge. Eine Archäologie der Humanwissenschaften*. Frankfurt a. M. 1974. S. 46.

243 Kultusministerkonferenz (KMK): *Empfehlung „Interkulturelle Bildung und Erziehung in der Schule."* Op. cit. Hervorhebung d. V.

- Ein Anfänger im Sprachkurs Deutsch oder Französisch lernt ein neues Wort und freut sich darüber. Nur, es kann sein, dass dieses Wort in einer bestimmten linguistischen Situation nicht zutreffend ist. Als Beispiel: Das französische Wort „Nous" ließe sich als Synonym für das deutsche „Wir" oder „Uns" verwenden. Dennoch kann das „Wir" bzw. „Uns" aufgrund von semantischen Verschiebungen nicht in allen Fällen mit „Nous" wiedergegeben werden. Ein Satz wie zum Beispiel: *Uns geht es gut* wird sehr häufig mit „On se porte bien" übersetzt.

- Das arabische Wort Inschallah (*Inšā allah*, „so Gott will") ist nicht nur ein Wort, sondern auch ein Lebenskonzept, was man bei manchen muslimischen Schülern oder Schülerinnen feststellen kann. Das Wort Inschallah ist wie ein Zauberwort für den Umgang mit einem erhöhten Risiko. Wenn beispielsweise die Maschine der Royal Air Maroc langsam zur Startposition rollt, verkündet der Kapitän den Passagieren das Reiseziel gefolgt mit Inschallah. Denn schließlich kann so ein Flugzeug wegen eines technischen Problems abdrehen oder an einen anderen Ort entführt werden. Das gleiche Wort Inschallah kann auch in anderen Situationen verwendet werden, wo es über keine religiöse Konnotation verfügt. Ein ähnliches Phänomen lässt sich mit sprachlichen Verwendungen wie „Um Gottes Willen" oder „Oh Gott" beobachten. Wenn ein Schüler während einer Deutschstunde plötzlich bemerkt, dass er eine Aufgabe übersehen und nicht erledigt hat und deswegen „Oh Gott" sagt, so ist dies keine religiöse Aussage, sondern ein Ausdruck der Verärgerung oder des Erschreckens. In diesem konkreten Fall darf also das Wort „Gott" nicht dazu verleiten, dass es hier um etwas Religiöses, um eine magisch-religiöse Beschwörung geht. Genau in solchen Fällen bedarf es einer Kompetenz der Übersetzung, einer mentalen Fähigkeit, dieses Wortpaar kontextuell zu situieren.

3. Multiperspektivische Bildung

Um mit den verschiedenen Lebenswelten der Schüler in einem Klassenzimmer kompetent umzugehen, brauchen Lehrkräfte eine *multiperspektivische Bildung*. Multiperspektivisch bedeutet hier keineswegs eine ozeanische Anhäufung zusätzlicher Kenntnisse, sondern eine Erweiterung der Perspektiven durch Überwindung der monokulturellen und monoidentitären Orientierung. Dies entspricht dem Bildungskonzept eines prominenten deutschen Pädagogen, nämlich Wilhelm Humboldts. Humboldts Überzeugung, wonach Bildung als **proportionierlichste Entfaltung der menschlichen Kräfte zu einem**

Ganzen[244] ist, ist für Fragen der transkulturellen Kompetenz sehr bedeutsam. Das Wort *Proportionierlich* stammt von *Proportion* und bedeutet so viel wie *verhältnismäßig* oder *ausgewogen*. Dies impliziert, dass die Lehrkraft multiperspektivisch und nicht monokulturell denken soll, um eine Ausgewogenheit und Verhältnismäßigkeit zu erreichen. Die Bestimmung der Entfaltung der Kräfte zu einem Ganzen ist zunächst so zu verstehen, dass es Humboldt darauf ankommt, die einzelnen Kräfte oder Anlagen des Menschen nicht isoliert oder in Konkurrenz zueinander zu entwickeln, sondern so, dass sie sich zu einem harmonischen Gesamteindruck ordnen.[245] Gerade weil es Humboldt um die Entfaltung aller verschiedenen Kräfte des Menschen geht, ist Bildung auf die Wechselwirkung mit der Welt als Ganzes angewiesen. Da schließt sich die Frage an, wie man die konkreten Aspekte der Welt, die man braucht, auswählen kann. Den Königsweg hierfür findet Humboldt in der **Pluralität der Sprachen**. Einen besonderen Akzent wird hier auf das Lernen von Fremdsprachen gelegt. So wie sich ein Selbst- und Weltverständnis nur im Dialog mit anderen entwickeln kann, so wird es durch die Begegnung mit fremden Sprachwelten gefördert. Man kann also hier in Humboldts Sinne Bildung als Erweiterung der je eigenen Weltansicht in Auseinandersetzung mit fremden Sprachen oder Ausdrucksweisen erfassen. Durch Multiperspektivität kann die Lehrkraft einen permanenten Perspektivenwechsel gewinnen, wodurch er seine eigene Wahrnehmung erweitert und den Blickwinkel anderer Kulturen einnimmt, was ein wichtiger Schlüssel zu Selbstvertrauen und reflektierter Fremdwahrnehmung bei den Lernenden fördert.

Eine der zentralen Fragen der vorliegenden Studie lautet nun: wie kann man Multiperspektivität im Klassenzimmer didaktisch erproben? Ein Beispiel, wo die Multiperspektivität nützlich und fruchtbar gemacht werden kann, ist die Thematik der **Inter- bzw. Transreligiosität**. Besonders hier ist Taktgefühl und Aufmerksamkeit geboten. Stigmatisierung bzw. forcierte Identifikation könnten eine Gefahr für ein gelungenes transkulturelles Lernen darstellen. Hierzu ein Fallbeispiel. Im Klassenzimmer sagte eine Lehrkraft folgendes: *Weißt du Faruk, uns hier in Deutschland ist der Islam manchmal so fremd, dass wir nicht so recht wissen, wie wir was einordnen sollen. Kannst du uns hier ein wenig*

---

244 Vgl. Humbolt, Wilhelm von: *Ideen zu einem Versuch, die Gränzen der Wirksamkeit des Staats zu bestimmen*: In: ders.: Werke in fünf Bänden. Hrsg. von Flitner, Andreas undGiel, Klaus. Bd. 1, 3. Aufl. Darmstadt 1980.

245 Vgl. Koller, Hans-Christoph: *Grundbegriffe, Theorien und Methode der Erziehungswissenschaft*. 3. Aufl. Stuttgart: Kohlhammer 2008, S. 77.

aufklären?[246] Die Intention der Lehrkraft, mehr Einblicke in der Religion des Islam zu bekommen, mag hier lobenswert sein. Die Art und Weise, wie sie dies gestaltet, ist dennoch bedenklich. Denn es kann ja sein, dass der apostrophierte Schüler in seinem Elternhaus nicht viel mit dem Islam zu tun hat, nicht mit islamischen Gepflogenheiten sozialisiert worden ist und folglich nicht viel oder gar nichts über den Islam weiß. Und auch wenn er etwas über den Islam weiß, kann die Lehrkraft nicht voraussetzen, dass dieser Schüler sehr religiös ist.[247] Die Thematisierung der Religion darf also nicht dazu führen, dass sich einige Schülerinnen und Schüler mit verschiedenen religiösen und kulturellen Hintergründen abgeschreckt oder provoziert fühlen.

Es gibt viele Möglichkeiten über Interreligiosität zu sprechen: Man kann beispielsweise anhand eines interkulturellen Kalenders sowohl über *Weihnachten* als auch über das *Ramadanfest*, sowohl über *Ostern* als auch über das jüdische *Pessach-Fest* sprechen. Denn eine nähere Betrachtung der Feiertage vieler, insbesondere monotheistischen Religionen, lässt einen zu der Erkenntnis kommen, dass sie Gemeinsamkeiten haben: Das jüdische achttägige *Chanukka-Fest* bzw. Lichtfest hat mit dem christlichen *Advent* insofern eine Gemeinsamkeit, als dass das Anzünden von Kerzen an beiden Anlässen eine unabdingbare Praxis ist. Hier muss dennoch darauf hingewiesen werden, dass die Bedeutung des Kerzen-Brennens in beiden Religionen unterschiedlich ist.[248] Ähnliche Gemeinsamkeit und Unterscheidung lassen sich anhand des muslimischen Opferfestes gestalten. Während in der abrahamitischen Religionen Konsens darüber herrscht, dass ein Sohn des Propheten Abraham (Ibrāhīm) von Gott vor dem Opfertod gerettet wird, wird darüber diskutiert, um welchen der beiden Söhne (Ismael

---

246   Vgl. Turan, Hakan: *Vom Wertediskurs mit muslimischen Schülern*. In: Lehren &lernen. Zeitschrift für Schule und Innovation aus Baden-Württemberg. Heft 7, Villingen- Schwenningen 2010, S. 22–23.

247   Vgl. Hakan Turan: *Vom Wertediskurs mit muslimischen Schülern*. Op. cit., 22–23.

248   (a) Das Kerzenbrennen erinnert am jüdischen *Chanukka Fest* an die Vertreibung heidnischer Fremdherrscher im Jahr 164 vor Christus. Der Überlieferung nach war damals im Tempel nur noch ein einziges Fläschchen geweihtes Öl vorgefunden worden, das höchstens einen Tag lang ausreichen konnte, um die Lampe mit dem „ewigen Licht" im Tempel am Brennen zu halten. Dennoch geschah durch ein Wunder, dass die Flamme acht Tage lang weiterbrannte, bis neues geweihtes Öl zur Verfügung stand. Während der acht Festtage werden nach Einbruch der Dunkelheit in der Synagoge und in den Wohnungen Kerzen angezündet, um an das Wunder zu erinnern. (b) Am Advent sollen die Kerzen hingegen an das Licht erinnern, das Jesus in die Welt gebracht hat.

[Ismāʿil] oder Isaak [Ishāq]) es sich handelt.[249] Diese Präzisierung und Vergegenwärtigung regt bei den Schülern und Schülerinnen mehr Offenheit gegenüber anderen Glaubensrichtungen an. Diese Beispiele können Anlässe bieten, über Unterschiede, gemeinsame historische Ursprünge und universelle Elemente von Religion nachzudenken, vor allem aber sich mit der Perspektive der jeweils Andersgläubigen vertraut zu machen. Denn, wie Friedrich Schweitzer es einleuchtend anmerkt, das Zusammenleben in einer multikulturellen und -religiösen Gesellschaft macht es zwingend notwendig, den anderen auch in seiner religiösen Prägung zu verstehen.[250]

Wie im dritten Kapitel angeführt, ist Literatur ein hervorragendes Medium der multiperspektivischen Bildung. Es gibt hier zwei Möglichkeiten:

(a) Man kann die Lektüre von deutschen Romanen-Klassikern wie Goethes *West-östlicher Divan*, Schillers Räuber oder Kafkas *Prozess* lesen und diese Texte bewusst auf neue Art in den Blick nehmen: als *Medien des Diskurses über Konvergenzen und Divergenzen*. Man sollte versuchen anhand dieser Texte für einen vielschichtigen Perspektivenreichtum zu sensibilisieren, der verschiedene Deutungshorizonte und Zugänge offeriert. Kafkas Titel *Vor dem Gesetz* kann für einen Schüler chinesischer Herkunft schwer begreifbar sein, denn statt *Vor dem Gesetz* würde man es in China anders formulieren: *Vor der Tür des Gesetzes*, wie zwei Studentinnen aus China im Seminar „Wertewelten im Klassenzimmer" an der Universität Tübingen berichteten. Ebenfalls lässt sich diese Multiperspektivität in neuern Romanen wie z. B. Ilija Trojanows *Der Weltensammler* oder Yadé Karas *Selam Berlin* besprechen, wie ich im dritten Kapitel dieses Buchs darauf einging.

(b) Man sollte auch außereuropäische Werke in den Fokus nehmen, um den Schülern andere Welt- und Wertevorstellungen, andere Lebensverhältnisse und -auffassungen, andere Weltbilder und Sichtweisen näher zu bringen. In dieser Hinsicht habe ich im Kapitel über Literatur exemplarisch drei Werke zweier weltafrikanischer Autoren dargestellt und ihr pädagogisches Potential erläutert.

---

249 Nach muslimischer Auffassung glaubt man, dass Ismail Abrahams Erstgeborener Sohn ist und geopfert werden sollte. Hingegen sollte nach christlicher Auffassung Isaak geopfert werden, weil er der Sohn Abrahams Frau Sarah ist während Ismael als Sohn der Sklavin Hagar gilt.

250 Vgl. Schweitzer, Friedrich: *Pädagogik und Religion. Eine Einführung*. Stuttgart: Kohlhammer 2003, S. 111.

4. Vorschläge für eine transkulturelle Stimmung

Es lassen sich unterschiedliche Lebenswelten und Lebenskonzepte in Bildungseinrichtungen antreffen. Aufgabe der Lehrkraft ist es, diese Vielfalt als Lebensrealität und als enorme Chance wahrzunehmen. Es ist von großem Vorteil, die verschiedenen Ressourcen, die in den Lernenden schlummern, nicht zu ersticken, sondern deren Entfaltung zu fördern, indem man für eine interkulturelle Stimmung sorgt. Die folgenden Punkte gelten sowohl für Lehrer als auch für Schüler, denn beide bilden zusammen das Klassenzimmer:

Transkulturelle Öffnung und Orientierung

Die Heterogenität unserer Gesellschaft begründet die transkulturelle Öffnung. In jedem Klassenzimmer befinden sich fast immer mehrere Schüler mit Migrationsbiographie. Deshalb vermeide ich auch den Begriff des Migrations*hintergrunds*. Denn dieser Hintergrund kann tiefer sein, als man zuvor denkt. Mir scheint auch, dass die fast undifferenzierte Verwendung dieses Terminus in unserer heutigen Gesellschaft einen „Migrations*vordergrund*" generiert. Ich meine damit ein Verhalten, das die Migrationsbiographie des Lernenden nicht als positive Ressource aufwertet, sondern sie vordergründig und meistens vorurteilsbehaftet als unverrückbare Blockade für die persönliche Entfaltung des Schülers abqualifiziert. Hierzu sei ein Bespiel angeführt: Ein Lehrer zeigt sich besorgt über seine neue Schulklasse und sagt: „Im nächsten Jahr werde ich eine neue Klasse übernehmen. In der Klasse sind über dreißig Prozent Ausländerkinder! Das ist ein Problem! Ich brauche Hilfe!" Da fragt ihn sein Kollege: „Hast Du die Kinder schon gesehen? Woher weißt Du, dass es Probleme geben wird?" „Na ja" erwiderte der klagende Lehrer wie folgt: „ich habe die Akten mit den ausländischen Namen vorliegen."[251] Wir sehen: Hier wird bereits die simple Betrachtung der Namen vordergründig als Synonym für einen Problemfall erfasst. Die interkulturelle Öffnung schließt auch einen offenen und fairen Umgang mit allen Eltern ein, sei es mit Migrationsbiographie oder ohne. Lehrkräfte sollten Eltern mit Migrationsbiographie nicht als Analphabeten oder als ‚Schlecht-Deutsch-Sprecher' etikettieren, sondern besser ernsthaft mit ihnen kommunizieren. Denn Lehrkräfte und Eltern sind ja in Sachen Erziehung keine Gegensätze, sondern bedingen einander.

---

251 Vgl. Diehm, Isabell / Radtke, Frank-Olaf: *Erziehung und Migration. Eine Einführung.* Stuttgart u. a.: Kohlhammer 1999, S. 26.

Förderung der Diskursfähigkeit

Dies bedeutet, dass die Lehrkraft sowohl die Erweiterung von Reflexionshorizonten als auch die diskursive Auseinandersetzung mit verschiedenen Sichtweisen und Verhalten bei den Schülern fördert. Damit werden Deutungsspielräume wahrgenommen und andere Zugänge zur Problemlage verdeutlicht. Mit dem Heranziehen literarischer Texte aus verschiedenen Regionen und Kontinenten wird den Lernenden ermöglicht, durch Fragen und konstruktive Kritikpunkte, verschiedene Interpretationen sowie Wahrnehmungen einer selben Situation zu gelangen. Diese Kompetenz ist auch deswegen wichtig, weil sie zur Überwindung von Vorurteilen bei den Lernenden beitragen kann. Insofern können sich literarische Texte als Medien des Diskurses über Ähnlichkeiten und Differenzen erweisen.

Stärkung von Empathiefähigkeit

Hier können literarische Texte eine besondere Rolle spielen, wie im dritten Kapitel ausgeführt wurde. Der Kompetenz, sich in andere Menschen, in andere Wertevorstellungen hineinzuversetzen, sollte heutzutage mehr denn je eine gesellschaftliche Relevanz zukommen. Diese Kompetenz wird zudem gefestigt durch solidarisches, reziprokes sowie kollegiales Handeln zwischen den Lernenden. Die Empathiefähigkeit ist deswegen ein Kanal der transkulturellen Stimmung, weil sie einen reziproken Austausch von kulturellen Modi und Prägungen zwischen den Lernenden ermöglicht.

Inhaltliche Identifikationsindizien

Ein wichtiges Kriterium, womit die Lehrkraft für interkulturelle Stimmung im Klassenzimmer sorgen kann, ist die dosierte Platzierung von Identifikationsindizien. Ich meine damit, dass der Inhalt des Unterrichts so gestaltet werden muss, dass er möglichst unterschiedlich gefüllt werden kann. Ziel dieser Identifikationsindizien ist die *Inklusion* möglichst aller Lernenden. Unterrichtliche Inhalte sollten so ausgewählt und arrangiert werden, dass sie einen konkreten Bezug zur Lebenswelt der Lernenden aufweist. Denn mit dieser Relation können „[…] motivierende und günstige Lernbedingungen geschaffen werden, in denen die Lernenden den Unterrichtsinhalten Relevanz und Bedeutsamkeit beimessen."[252] Man kann hier zum Beispiel mit Namensgebung in Texten operieren. Hierfür ließe sich in einer Geschichte einen deutschen Namen durch einen türkischen,

---

252 Hallet, Wofgang / Nünning, Ansgar (Hrsg.): *Neue Ansätze und Konzepte der Literatur – und Kulturdidaktik.* Trier: Wissenschaftlicher Verlag 2007, S. 33.

einen arabischen oder einen chinesischen Namen ersetzen. Man kann auch über die Thematik des Weltkulturerbes aus unterschiedlichen Kulturperspektiven sprechen und diskutieren, so dass die Lernenden und Lehrenden dadurch ihren Horizont erweitern. Ziel ist hier die De-Zentrierung von üblichen Mustern, die unabdingbar für ein transkulturelles Lernen ist.

Im Folgenden wird es darum gehen, einige kulturelle Aspekte aus dem afrikanischen Kontinent darzustellen.

Kapitel V: Aspekte kultureller Bildung in Afrika

„Die Welt ist ein Maskentanz. Wenn Du sie verstehen willst,
kannst Du nicht an einem Ort stehen bleiben."[253]
(Chinua Achebe)

1. Einstieg: Vielfalt afrikanischer Kulturen

Im ersten Kapitel der vorliegenden Studie habe ich in Anlehnung an Ludwig
Liegles Ausführungen die These aufgestellt, dass wir *Wissen benötigen, das uns
richtige Wahrnehmung und somit adäquates Verhalten ermöglichen kann.* Angesichts dessen möchte ich dem Leser hier einige Aspekte über afrikanische Realitäten an die Hand geben, die als eine Art Gebrauchsanweisung oder besser
gesagt Gebrauchsanleitung zu verstehen sind.

Beginnen wir also unseren kulturellen Rundgang in Afrika mit einem kurzen
Vergleich zum europäischen Kontinent. Niemand dürfte daran zweifeln, dass innerhalb der europäischen Union eine ausgeprägte kulturelle Vielfalt existiert. Tzvetan Todorov unterstreicht, dass die europäische Identität auf die innere Vielfalt
Europas gründet.[254] Es dürfte uns nicht schwerfallen, ihm zuzustimmen, denn
die kulturellen Gepflogenheiten der Schwaben sind unbedingt nicht identisch
mit den Gewohnheiten der französischen Korsen. Die Lebenshaltung der Griechen unterscheidet sich von derjenigen der Italiener. Selbst wenn wir unseren
Fokus nur auf Deutschland legen, lassen sich *intra*kulturelle Unterschiede dokumentieren: Die Kölner und Mainzer feiern Ihr Karneval nicht wie die Bayern
und Schwaben. Das Leben und die kulturellen Habiti auf einem Bauernhof oder
in einem Dorf konvergieren nicht unbedingt mit den Trends der großen Städte
wie Hamburg und Berlin. Diese kleinen Beispiele mögen veranschaulichen, dass
es in Europa eine Vielfalt an kultureller Bildung gibt. Gilt diese Vielfalt auch für
Afrika?

---

253 Achebe, Chinua: Interview mit Ulli Beier. In: Beier, Ulli: *Auf dem Auge Gottes
   wächst kein Gras. Zur Religion, Kunst und Politik der Yoruba und Igbo in Westafrika.*
   Op. cit.
254 Todorov, Tzvetan: *Die Angst vor den Barbaren.* Op. cit. S. 243.

Für ein transkulturelles Lernen ist diese Frage deswegen wichtig, weil die Vielfalt an kultureller Bildung in Afrika (im Vergleich zu Europa) vielfältiger ist. Afrika ist kein homogenes kulturelles Gebilde, dessen künstlerische Landschaft man auf einen Blick erfassen kann. Der Kontinent hat 54 Länder mit 2000 Landessprachen, darunter Fulfulde (Senegal), Yoruba, Hausa, Igbo (Nigeria), Bambara (Mali), Swahili (Kenia), Lingala (Kongo) und vieles mehr. Wenn es stimmt, dass Sprachen Vehikel von Kulturen sind, dann können wir hier mit schätzungsweise 2000 Kulturen rechnen. Aufgrund dessen lässt sich festhalten, dass Afrika ein Geflecht von Kulturen, ein Mosaik nebeneinander existierender Einzelkulturen ist, das sich hinsichtlich Sprache[255], religiöser Vorstellungen und kultureller Gewohnheiten voneinander unterscheiden. Afrika lässt sich daher nicht in schematischen Unterteilungen erfassen, wie der deutsche Philosoph Georg Wilhelm Friedrich Hegel in seinen Vorlesungen über die Philosophie der Geschichte es unternahm:

> Afrika ist in drei Teile zu unterscheiden: der eine ist der südlich von der Wüste Sahara gelegene, das eigentliche Afrika, das uns fast ganz unbekannte Hochland mit schmalen Küstenstrecken am Meere; der andere ist der nördliche von der Wüste, sozusagen das europäische Afrika, ein Küstenland; der dritte ist das Stromgebiet des Nil, das einzige Talland von Afrika, das sich an Asien anschließt. Jenes eigentliche Afrika, ist, soweit die Geschichte zurückgeht, für den Zusammenhang mit der übrigen Welt verschlossen geblieben; es ist das in sich gedrungene Goldland, das Kinderland, das jenseits des Tages der selbstbewußten Geschichte in die Farbe der Nacht gehüllt ist.[256]

Angesichts der gegenwärtigen kulturellen Entwicklungen in Afrika ist Hegels Behauptung nahezu kontraproduktiv für die Anerkennung kultureller Vielfalt. Mit solchen geographischen Schematismen (im eigentlichen und europäischen Afrika), die noch heute über Afrika gebraucht werden, wird kulturelle Vielfalt begrenzt. Das „eigentliche Afrika", das Hegel hier konstruiert, wird als ein „Kinderland" bezeichnet, das über keinen „Zusammenhang mit der übrigen Welt" verfügt.

---

255 Aufgrund der Kolonialgeschichte und des Einflusses von europäischen Sprachen wie Französisch, Englisch, Spanisch, Portugiesisch unterscheidet sich die kulturelle Bildung in Westafrika von derjenigen Ostafrikas. Man spricht vom „anglophonen", vom „frankophonen" sowie vom „lusophonen" Afrika. Diese Europhonie darf aber nicht zur Annahme verleiten, dass Afrika sprachlos sei. Denn jenseits dieses Sprachgebrauchs ist, mit Leo Kreutzer zu sprechen, Afrika nicht sprachlos, sondern afrophon. Vgl. Kreutzer, Leo: Goethe in Afrika. Hannover: Wehrhahn 2009, S. 19).

256 Hegel, Georg Wilhelm Friedrich: *Werke in zwanzig Bänden*. Bd. 12. Vorlesungen über die Philosophie der Geschichte. Frankfurt a. M.: Suhrkamp 1970, S. 120.

Die Vielfältigkeit der afrikanischen Kulturen verdeutlicht der kongolesische Kulturwissenschaftler und Schriftsteller V.Y. Mudimbe in seinem Buch „The idea of Africa", dessen Vorwort wie folgt lautet: „This book is about an idea, the idea of ‚Africa'. What is it and how is it related to contempory literature? In returning to this question, I forced myself to face a simple issue: what kinds of stories should I tell my two 'americanized children about Africa'"?[257] Diese Sätze drücken ein Unbehagen aus, kommentiert der kamerunische Germanist David Simo: sie verraten die Komplexität sowie die Widersprüche, in denen jeder Versuch, das zu bestimmen, was Afrika ausmacht, heute auf eine unauflösbare Weise verfangen ist.[258] Diese Komplexität der Bestimmung dessen, was Afrika ist, lässt sich auch in der Thematik der kulturellen Bildung in Afrika feststellen.

2. Das „wesentliche" und das „andere" Afrikas

Tagtäglich wird in den Medien über Afrika berichtet, sei es in Zeitungen, Dokumentarfilmen, Zeitschriften. Die meisten Besprechungen legen zum größten Teil den Akzent auf den afrikanischen Kontinent als einen K-Kontinent: mit Krisen, Konflikten, Krankheiten, also einen Kontinent voller Katastrophen wie Völkermord, Armut, Hunger. Die oben zitierten Sätze Hegels deuten unmissverständlich auf einen geschichtslosen Kontinent. Diese Vorstellung prägte das Bild der Europäer von Afrika und spielte eine zentrale Rolle in der Beziehung zwischen Afrikanern und Europäern.[259] Auch in den Museen, wie sie sich in Deutschland seit den 70er-Jahren des 19. Jahrhunderts, zuerst in Berlin, etablierten, wurde eine Welt inszeniert, die von kolonialer Einbildung getragen ist, weil das Museum die pseudowissenschaftliche Annahme von „Völkern ohne Geschichte" popularisierte.[260] Diese Stereotypen lassen sich auch in den gegenwärtigen neuen deutschen Afrika-Romanen herauslesen, die insbesondere seit Mitte der

---

257 Mundimbe, V. Y: *The idea of Africa*. Bloomington: Indiana University Press 1994, S. XI.

258 Simo, David: *Was ist Afrika? Postkoloniale Konstruktionen von Afrikabildern*. In: Das Bild von Afrika. Von kolonialer Einbildung zu transkultureller Verständigung. Hrsg. von Bouba, Aissatou/ Quintern, Detlev:. Berlin: Weißensee Verlag 2010, S. 75–87, S. 75.

259 Man denke auch an Joseph Conrads Novelle „Herz der Finsternis", in dem die kolonialistische Repräsentation über Schwarzafrika dargestellt werden. Zwar hält das Buch einige Anklagen der damaligen Kolonialpolitik bereit, ist selber aber nicht frei von Vorurteilen, wie der nigerianische Literat Chinua Achebe in seiner kritischen Replik „*An image of Afrika. Racism in Conrad's Heart of Darkness*" unterstrich.

260 Vgl. ebd.

1990er-Jahre Konjunktur haben. Hier seien Stephanie Zweigs *Nirgendwo in Afrika* (1995), Urs Widmers *Im Kongo* (1996), Corinna Hoffmans *Die Weiße Massai* (1999), Sibylle Knauss *Die Missionarin* (1999), Wolfgang Langes *Afrika- auf keinen Fall!* (1999) und nicht zuletzt Hans Christoph Buchs *Kain und Abel in Afrika* (2001) genannt. Zwar stellen diese Werke den afrikanischen Kontinent als einen paradiesischen Raum zwischen Exotik, Erotik und Magie dar. Sie bringen auch größtenteils die oben genannten Probleme des Kontinents zum Ausdruck – wie die Nachrichten zu Beginn des Jahres 2014 mit kämpfenden Kindersoldaten in Kongo oder dem Hungersnot in Ostafrika zeigen.

Afrika ist dennoch mehr als diese Probleme. Der Medienpädagoge und Westafrika-Experte Martin Zint hat es im Juli 2006 bei der Tagung der Vereinigung von Afrikanisten in Deutschland überdeutlich formuliert: „Wir erfahren viel darüber, wie die Menschen in Afrika sterben, aber kaum darüber, wie sie leben."[261] Daraus folgt, dass viele Europäer die Vielfalt der Lebenswirklichkeiten des gesellschaftlich und kulturell so differenzierten Kontinents und vor allem das Potenzial seiner Menschen, seiner Jugendlichen hinter diesen schlechten Fakten und Bildern kaum wahrnehmen.[262]

Aufgrund dessen sollten wir zwei Facetten unterscheiden: zwischen dem *wesentlichen Afrikas* und dem *anderen Afrikas*. Unter dem wesentlichen Afrika verstehen wir die vielfältigen und inkommensurablen Ressourcen des Kontinents in den Bereichen der Kunst, der Musik, der Philosophie, der Literatur und der Filmproduktion. Dieser kulturelle Reichtum war einer der Hauptgründe für die Entstehung der afrikanischen Bewegung *Négritude*, einer kulturellen Strömung, die im Paris der 1930er-Jahre von der schwarzen Diaspora um Léopold Sédar Senghor aus dem Senegal, Aimé Césaire aus Martinique und Gontrand Damas aus Guyana gegründet wurde. Diese literarische Bewegung setzte sich zum Ziel, die schwarzafrikanische Persönlichkeit und das Bestehen einer afrikanischen Kultur zu verteidigen und zu rehabilitieren. Diese Rehabilitierung Afrikas war auch ein Motto von Steve Boko, dem Wegbereiter der südafrikanischen Black-Consciousness-Bewegung, der am 12. September 1979 im Gefängnis starb. Er vertrat folgende kühne Auffassung: „Man wird unserer Geschichte ein gehöriges Maß an Aufmerksamkeit widmen müssen, wenn wir als Schwarze bei dem Prozeß des Bewusstwerdens helfen wollen. Wir müssen unsere Geschichte neu schreiben [...]"[263] Diese Botschaft

---

261 Jongbloed, Marjorie: *Entangled. Annäherungen an zeitgenössische Künstler aus Afrika.* Köln: Moeker Merkur 2006, S. 6.
262 Vgl. ebd., S. 7.
263 Vgl. von Stackelberg, Jürgen: *Klassische Autoren des schwarzen Erdteils.* München: Beck 1981, S. 12.

der Aufklärung hatte der Historiker Joseph Ki-Zerbo aus Burkina Faso im Blick, als er 1978 sein monumentales Buch, das er programmatisch mit dem Titel *Histoire de l'Afrique noire* (dt. *Die Geschichte Schwarzafrikas*) versah, publizierte. Ähnliches Vorhaben hatte der malische Historiker und Philosoph Amadou Hampâthé Bâ mit seinem monumentalen Mémoires *Amkoullel, l'enfant peul.*

Das *wesentliche Afrikas* faszinierte berühmte europäische Maler des 20. Jahrhunderts wie z. B. Pablo Picasso, Georges Braque, Henri Matisse, André Derain und Maurice Vlaminck. Wie im zweiten Kapitel bereits ausgeführt, ließen sie sich von den afrikanischen Kulturgegenständen inspirieren und „glaubten, in diesen Objekten aus der Ferne, die konkrete Lösung ihres Problems gefunden zu haben: Die Befreiung der künstlerischen Form aus den Fesseln der Tradition."[264] Auch im 21. Jahrhundert verliert diese Verwunderung europäischer Künstler nicht an Aktualität. Wenn der schwedische Schriftsteller Henning Mankell im Dokumentarfilm „Mein Herz schlägt in Afrika" uns unter anderen durch das Labyrinth der afrikanischen Kunst und Medien führt, so folgt dies nicht dem Zufall, sondern ist eine gewollte Expedition in den vielfältigen Bereich afrikanischer Kultur. Anhand des Romans *In den vereinigten Staaten von Afrika* von Abdourahman Waberi wurde bereits Namen von Orten und Personen ausgeführt, die für den kulturellen Reichtum Afrikas sprechen.

Das *andere Afrikas* ist gebunden an zwei geschichtspolitischen Ereignissen, nämlich dem Sklavenhandel und der Kolonisation. Die Folgen dieser beiden politischen Ereignisse sind bis heute in Afrika spürbar. Darüber hinaus besteht heutzutage das *andere Afrikas* in der Existenz und Präsenz von ethnischen Konflikten wie z. B. aktuell in Zentralafrika der Fall ist, in der Schikanierung des Kontinents durch einige Diktaturen, durch Genozide und Krankheiten. Diese Probleme beschatten leider die reelle Wahrnehmung afrikanischer Ressourcen. Stichwortartig lässt sich formulieren, dass das *andere* Afrikas sein *wesentliches* überbedeckt. Grund genug, um uns im nächsten Schritt der vielfältigen kulturellen Bildung in Afrika zu widmen.

3. Medien kultureller Bildung in Westafrika

Theater und Filmproduktion spielen heutzutage eine tragende Rolle in der kulturellen Bildung der meisten afrikanischen Jugendlichen. In Westafrika gibt es seit einigen Jahren ein Boom in der Filmproduktion. Einige berühmte Filmmacher seien hier genannt: Idrissa Ouedraogo aus Burkina Faso, Osmane Sembène

---

264 Jongbloed, op. cit. S. 31.

aus dem Senegal, Paulin Vieyra aus dem Benin, Souleymane Cissé aus Mali, Jean Marie Teno aus dem Kamerun. Allein in Nigeria entstehen jährlich etwa 1500 Filme. Nigeria ist demnach die drittgrößte Filmnation der Welt – nach Indien und den USA. Die Filmindustrie wird als *Nollywood* bezeichnet. Eine im Mai 2009 veröffentlichte UNESCO-Studie hat gezeigt, wie die Filmkultur in Nigeria sehr ausgeprägt ist und wie der Nollywood- Filmmarkt unaufhörlich steigt. Die dortigen Filmproduzenten setzen vor allem auf die kostengünstige Videoproduktion, denn nahezu alle Filme werden in selbstorganisierten Do-it-yourself-Kinos in der Nachbarschaft geschaut.

In Hinblick auf die Leistung dieser Filmproduktion für die kulturelle Bildung merkt der UNESCO-Generaldirektor Folgendes an: „Die Film- und Videoproduktion ist ein glänzendes Beispiel dafür, wie die Kulturindustrie – als Träger von Identitäten, Werten und Inhalten – die Tür zum Dialog und Verständnis von Kulturen öffnen kann."[265] Durch das gesagte dürfte schon klar geworden sein, dass Theater bzw. Film oder Videoproduktion ein kulturelles Gut ist. Der kenianische Autor Ngugi Wa Thiong'o merkt zum dortigen Theater an: „People would go to the theatre expecting aesthetic packages of entertainment, but they would also find issues that were affecting their lives being debated."[266] Das Theater hat sich in Westafrika zum Aufklärungsmittel der meist analphabetischen ärmeren Bevölkerungsschichten über soziale, kulturelle, religiöse und entwicklungsrelevante Themen profiliert. Der Hauptunterschied zwischen einem Theater in Deutschland und einem nigerianischen Theater ist, dass in Nigeria und damit in ganz Westafrika fast 75 Prozent des Publikums weder lesen noch schreiben können. Das bedeutet, dass ein lebendiges Theater hier eine der wenigen Möglichkeiten für die Menschen ist, ihr eigenes Leben oder gesellschaftlich brisante Themen künstlerisch gestaltet zu sehen.[267] Theater ist daher eine Seismographin für tagespolitisches Geschehen. Dies ist zum Beispiel einer der Gründe, warum Henning Mankell das Teatro Avenida in Maputo gegründet hat und seit Mitte der 1980er-Jahre leitet. Mit seinem Engagement für die Theaterarbeit will Mankell zeigen, dass auch die Menschen eines sehr armen Landes eine sehr reiche Kultur hervorbringen können.[268]

---

265 Merkel, Christine: *Bollywood, Nollywood, Hollywood – Welche Filme sieht die Welt. Kulturelle Vielfalt in der Filmproduktion.* http:// www. unesco.de/ 3566.html (02.06.2014).

266 Wa Thiong'o, Ngugi: *Moving the Center. The struggle for cultural freedoms.* London: Villiers Publications 1993, S. 92.

267 Vgl. Berliner Zeitung 9.12.2006.

268 Vgl. ebd.

Nicht nur durch die Filmmacher wird kulturelle Bildung in Westafrika gewährleistet, sondern auch durch *Musik*. Vor allem die Rap-Sänger werden heutzutage in vielen Hauptstädten von den Jugendlichen geehrt, wie wir im zweiten Kapitel ausführten. Vor allem die Hip-Hop-Kultur, die sich in Ihrer Ursprünge als *Street Culture* versteht, als Kultur, die großenteils auf der Straße gelebt wird, ist aus drei Gründen heutzutage zu einer westafrikanischen Jugendkultur geworden: (1) die Lieder werden nicht so sehr ‚europhonisiert‘, also nicht unbedingt auf Französisch, Englisch oder Portugiesisch, sondern zum erheblichem Maße in den Landessprachen komponiert und (2) die Mündlichkeit bzw. die Oralität, woran viel Afrikaner gewohnt sind, bleiben in diesen Liedern aufrecht erhalten. (3) Diese Lieder tragen zur Enttabuisierung von Themen, die aus der starken Verstrickung von Staat und Religion ergeben und die Rechten für die verarmten Menschen in den Ballungszentren einfordern.[269] Der inhärente *Free-Style* der Hip-Hop-Kultur auf musikalischer, körperlicher und graphischer Ebene kommt dem Verlangen nach Spontaneität und Freiheit der Jugendlichen entgegen.[270] Dabei formieren und formatieren diese Jugendlichen eigene Wertvorstellungen und Lebenseinhaltungen. Obwohl die Hip-Hop-Subkultur aus den USA stammt, begannen die westafrikanischen Gruppen einheimische Musiktraditionen und Musikinstrumente aufzugreifen und in ihre Tracks zu integrieren. International bekannte Musiker wie Youssou-Ndour mit seinen Mbalax-Klängen, Ismael Lo, ein Verfechter von melodiösen Balladen, sind sehr beliebt in ihrem Land. Sie spielen eine tragende Rolle in der kulturellen Bildung von Jugendlichen, denn sie fungieren als Erzieher, als Aufklärer der Gesellschaft. So organisierte die Regierung des westafrikanischen Kleinstaates Guinea-Bissau eine Kampagne, die darin bestand, die Bevölkerung mit Rock, Pop und Gesang über Aids aufzuklären. Zum dortigen „Nationalen Aids-Gesangswettbewerb“ traten 23 Künstler in der Hauptstadt Bissau an. Sieger des Wettbewerbs war der Sänger Buka Pussik mit seiner Ballade über ein Mädchen mit dem „süßen Honigmund mit dem schönen Körper“, wo es unter anderem heißt: „Sie sagte ja zu allen Männern, und nach zwei, drei Jahren wurde sie so dünn.“[271]

Ein anderes Medium der kulturellen Bildung lässt sich in Romanen, Novellen und Dramen verzeichnen. Leider haben die veröffentlichten Bücher in den meisten westafrikanischen Ländern einen schweren Stand. Jürgen von Stackelberg zufolge werden zwar in Afrika immer mehr Bücher und Zeitschriften gedruckt,

---

269 Maraszto, Caroline: *Sozialpolitische Wende? Zur Entwicklung des Rap in Senegal. Stichproben.* Wiener Zeitschrift für kritische Afrikastudien. Jg.2, 2002.

270 Ebd.

271 Spiegel 1988 Nr. 2, S. 103.

aber die Zahl der Leser nehme ab. Die neoafrikanische Literatur habe zweifellos in Europa mehr Leser gefunden als in Afrika selbst.[272] Da die Bücher sehr teuer sind, haben die Menschen in Afrika keine finanzielle Möglichkeit, um sie sich zu besorgen. Hierzu schreibt der nigerianische Schriftsteller Ben Okri Folgendes:

> Wenn sich die Menschen vor allem darum kümmern müssen, ihr tägliches Brot zu bekommen und einen Platz zum Wohnen, dann ist das lesen von Büchern die unwichtigste Angelegenheit für sie. Lesen verbindet man mit Luxus, betrachtet man nicht als ernsthaften Bestandteil der Kultur.[273]

Peter Ripken kommentiert Ben Okris Statement dahingehend, dass die Wohlhabenden, die sich Bücher leisten könnten, andere Werte und Prioritäten hätten. In vielen Ländern symbolisierten Bildung, Kultur und Kreativität nicht mehr gesellschaftliche Leitvorstellungen, sondern Besitz, Macht und die Strategie des „get rich quick"[274]

Nichtsdestotrotz versuchen heutzutage viele Jugendliche Afrikaner auch unter Not und dieser schwierigen finanziellen Situation ihr „book famine", d. h. ihren Lesehunger zu befriedigen. Durch verschiedene Initiativen zur Leseförderung gelangen die jungen Menschen in Goethe-Instituten und einigen Bibliotheken vor Ort zu Büchern. Diverse Förderprogramme von Lesekompetenzen wie zum Beispiel „le livre est mon ami (das Buch ist mein Freund)" oder „Caravane du Livre et de la lecture (Buch- und Lesekaravane)" zielen darauf ab, die kulturelle Bildung von Kindern durch das Lesen zu schärfen.

Da viele Bücher nur auf Englisch, Französisch oder Portugiesisch erscheinen und somit die afrikanischen Sprachen größtenteils unberücksichtigt lassen, gibt die „African Academy of Languages (ACALAN)" im Rahmen des Projekts „Stories Across Africa" Geschichtsammlungen für Kinder in verschiedenen afrikanischen Sprachen heraus, um die afrikanische Identität und das Lesen zu fördern. Diese Sprachenproblematik ist eines der Beweggründe, warum Ngugi wa Thiong'o seit einigen Jahren in seiner Muttersprache publiziert. Bevor es dies tat, gab er Folgendes als Begründung an: „I did not think that I would continue writing in English: [...] I knew about whom I was writing, but for whom was I writing?"[275]

---

272 von Stackelberg op. cit. S. 33.

273 Okri, Ben zit. nach Ripken, *Peter: Traditionen und Gesellschaften im Spiegel der afrikanischen Literatur.* URL: http:/ / www. petrakellystiftung.de/Ripken_literatur.pdf. (21.2.2014)

274 Vgl. ebd.

275 Wa Thiong'o, op. cit., S. 9f.

4. Transreligiöser Dialog am Beispiel Westafrikas

Ein kursorischer Blick auf einige Praxen des Christentums oder des Islams in Afrika zeigt eine „Afrikanisierung" beider Religionen. Grund hierfür liegt darin, dass einige Bräuche und Verhaltensweisen wie z. B. Beerdigungsfeierlichkeiten, Hochzeiten etc. an den afrikanischen Traditionen angepasst werden. Darüber hinaus werden Initiations- und Heilungsriten und andere einheimische Kulten bei den konvertierten Völkern erhalten bleiben.[276] Besonders in Westafrika können synkretistische Formen sowie regionale Einbettung religiöser Praxen beobachtet werden, im Sinne einer kreativen Kombination von religiösen Antworten auf Fragen der Sinnfindung. In dieser Hinsicht stellt der französische Orientalist Vincent Monteil in seinem Buch *L'islam Noir* die These eines *schwarzen Islams*, den er mit dem Begriff „panthéisme syncrétique",[277] also einem synkretistischen Pantheismus beschreibt. Einige Beispiele seien hier angeführt: Der Begriff „Marabout" bezeichnet in vielen westafrikanischen Ländern einen religiösen Gelehrten, der beispielsweise in Liebes- und Heiratsangelegenheiten berät und eingreift, aber auch negative Zauber (Maraboutage) aussprechen kann. Etymologisch kommt das Wort vom arabischen (rabat), was etwa *verbinden* bzw. *vermischen* bedeutet. Dieses Vermischungskonstrukt gilt auch dem afrikanischen Christentums. Die christliche Theologie in Afrika bemüht sich darum, den christlichen Glauben in den afrikanischen Kontext zu inkulturieren und heimisch werden zu lassen, befindet sich also in einem ständigen Prozess der Kontextualisierung und Inkulturation.[278] Die Kimbanguistenkirche, die seit 1921 in Kongo gegründet wurde, lehnt keineswegs die afrikanische Religiosität ab, sondern bejaht sie und versucht dies in deren Struktur und Organisation zu verankern. Der *Deima-Kult* und das Konzept des *Bossonismus* (von Jean Marie Adiaffi) in Côte d'ivoire inkludieren einheimische Kräfte in deren Religionspraxen. In Nigeria haben wir die *Aladura-Bewegungen* und die *Fa-Kirchen*, die eine Vermischung zwischen den Christianismus und den Praxen von Ifa aus der Yoruba-Kulturen haben. Diese Verschränkung von Religion und kulturellen

---

276 Vgl. Günther, Ursula: *Historische Entwicklung des Islam in Westafrika – Ein Abriss.* In: Politischer Islam in Westafrika. Eine Bestandaufnahme. Hrsg. von Bröning, Michael / Weiss, Holger. Berlin: LIT-Verlag 2006. S. 18–45.

277 Monteil, Vincent: *L'Islam noir : une religion à la conquête de l'Afrique.* Paris, 1980. S. 66.

278 Triebel, Johannes / Rebstock, Ulrich: *Synkretismus.* In: Das kleine Afrika-Lexikon. Hrsg. von Mabe, Jakob. Wuppertal, Weimar: Hammer/Metzler, 2002, S. 193–194, S. 193.

Elementen ließe sich in Anlehnung an Clifford Geertz damit begründen, dass Religion als ein Kulturelles System, d. h als eine in die Gesellschaft inkorporierte Erscheinung, als soziales, kulturelles und psychologisches Phänomen.[279] Religion ist ihm zufolge ein Subsystem der Kultur. Die Funktion der Religion liegt also darin, die kulturellen Elemente eines Volkes festzuhalten und zum Ausdruck zu bringen.

---

279 Vgl. Geertz, Clifford: *Religiöse Entwicklungen im Islam. Beobachtet in Marokko und Indonesien*. Frankfurt a. M.: Suhrkamp, 1988, S. 13. Vgl. auch ders: *Dichte Beschreibung. Beiträge zum Verstehen kultureller Systeme*. Op. cit.

Schluss

In der vorliegenden Studie habe ich versucht zu zeigen, dass die Dynamik der Migration und die damit einhergehende Diversifizierung der Gesellschaft eines statuiert: unsere Lebenswelten ist so vielfältig wie nie zuvor. Internationalisierung und Globalisierung sind heutzutage gängige Modeworte und durchlaufen fast alle Bereiche unseres Alltagslebens. Aufgrund dieser Tatsachen hat der Diskurs über transkulturelles Lernen nicht nur eine wissenschaftliche Relevanz, sondern auch eine gesellschaftspolitische Tragweite. Wenn heutzutage vermehrt über „Integration" oder „Inklusion" heiße Debatten geführt werden, dann ist dies ein unverkennbares Indiz dafür, dass eine individuelle wie kollektive Anerkennung und Wertschätzung „anderer" Wertetraditionen, Bräuche und Einstellungen eine gesellschaftliche Notwendigkeit darstellt. Notwendigkeit, weil eine solche Wertschätzung des Anderen in kultureller wie religiöser Hinsicht wichtige Kanäle eines friedlichen Zusammenlebens ermöglichen kann. Somit können Hemmungen, Ab- und Ausgrenzungsmechanismen früh identifiziert werden und womöglich einen Riegel vorgeschoben werden. Hierzu leisten literarische Texte wie kaum ein anderes Medium einen unersetzbaren Beitrag, weil oder indem darin transkulturelle Momente subtil und gnadenlos erprobt werden. Transnationale, transreligiöse Elemente und Grenzgänger-Konstrukte werden in literarischen Erzählungen kreativ dargestellt. Identitäre Zugehörigkeiten, die auf dem ersten Blick als nicht verrückbar scheinen mögen, sind – wie oben dargestellt – überraschend vereinbar. All dies soll zeigen, dass der Mensch – oder besser, der moderne Mensch – sich nicht als monokulturell definieren kann. Vielmehr ist seine Lebenssphäre multiperspektivisch zu betrachten. Genau diese multiperspektivische Sichtweise und die Wertschätzung transkultureller Zusammenhänge, womit alle Eindeutigkeiten aufgegeben werden, bilden das Arsenal der vorliegenden Schrift. Eine Geringschätzung oder Verkennung transkultureller Modi leitet die fatale Geburt der dualistischen Einteilung der Welt und erstickt jeglichen Versuch eines polyzentrischen Weltverständnisses im Keim. Es ist, mit Worten des Philosophen Kwame Anthony Appiah, zu erwarten, dass am Ende der Lektüre der vorliegenden Schrift es schwerer fallen wird, „sich vorzustellen, die Welt sei getrennt in den Westen und den Rest, in lokal gebundene und moderne Menschen, in eine blutleere Ethik des Profits und eine lebendige Ethik der Identität, in ‚uns' und ‚die anderen'."[280]

---

280 Appiah, Kwame Anthony: *Der Kosmopolit. Philosophie des Weltbürgertums.* Op. cit. S. 19f.

Literaturverzeichnis

Abu Zaid, Nasr Hamid / Sezgin, Hilal: *Mohammed und die Zeichen Gottes. Der Koran und die Zukunft des Islam.* Freiburg u. a.: Herder 2008.

Achebe, Chinua: Interview mit Ulli Beier. In: Beier, Ulli: *Auf dem Auge Gottes wächst kein Gras. Zur Religion, Kunst und Politik der Yoruba und Igbo in Westafrika.* Wuppertal: Peter Hammer 1999.

Amos, Karin: *Wa(h)re Menschenbildung: oder warum der Bildungsbegriff umstritten und umkämpft ist und bleiben sollte.* In: *Ware Mensch – Die Ökonomisierung der Welt.* Hrsg. von Assmann, Heinz-Dieter/ Baasner, Frank / Wertheimer, Jürgen. Baden-Baden: Nomos, 2014, S. 165–187.

Appiah, Kwame Anthony: *Der Kosmopolit. Philosophie des Weltbürgertums.* (Orig. *Cosmopolitanism. Ethics in a world of strangers*) Bonn: Bundeszentrale für Politische Bildung 2007.

Ates, Seyran: *Der Multikulti-Irrtum. Wie wir in Deutschland besser zusammenleben können.* Berlin: Ullstein 2008.

Auernheimer, Georg: Einführung in die interkulturelle Pädagogik. 6. Aufl. Darmstadt: WBG, 2010.

Auernheimer, Georg: *Interkulturelle Kompetenz – ein neues Element pädagogischer Professionalität?* In: Interkulturelle Kompetenz und pädagogische Professionalität. Hrsg. v. Auernheimer, Georg. Opladen 2002, S. 183–205.

Al-Muntakhabs, Auswahl aus den Interpretationen des Heiligen Koran. Kairo: Ministerium für Awqaf. Oberster Rat für Islamische Angelegenheiten, 1999.

Assmann, Aleida / Assmann, Jan: *Kultur und Konflikt. Aspekte einer Theorie des unkommunikativen Handelns.* In: *Kultur und Konflikt.* Hrsg. von Assmann, Jan/ Harth, Dietrich, Frankfurt a. M.: Suhrkamp: 1990. S. 11–48.

Assmann, Heinz-Dieter/ Baasner, Frank /Wertheimer, Jürgen (Hrsg.): *Kulturen des Dialogs.* Baden-Baden: Nomos 2011.

Baacke, Dieter: *Ausschnitt und Ganzes. Theoretische und methodologische Probleme bei der Erschließung von Geschichten.* In: Aus Geschichten lernen. Zur Einübung pädagogischen Verstehens. Hrsg. von Baacke, Dieter [u.a.], S. 11–50.

Balandier, Georges: *Le Dédale. Pour en finir avec le XXème siècle.* Paris: Fayard 1994.

Baumann, Zygmunt: *Unbehagen in der Postmoderne.* Aus dem Englischen von Wiebke Schmaltz. Hamburg: Hamburger Edition 1999.

Baumann, Zygmunt: *Flüchtige Moderne.* Frankfurt a.M.: Suhrkamp 2003.

Behr, Harry Harun: *Welche Bildungsziele sind aus der Sicht des Islams vordringlich?* In: *Mein Gott – Dein Gott. Interkulturelle und interreligiöse Bildung in Kindertagesstätten.* Hrsg. v. Schweitzer, Friedrich [u. a.], Weinheim/Basel: Beltz 2009, S. 31–47.

Benjamin, Walter: *Über Literatur.* Frankfurt a. M.: Suhrkamp 1970.

Benjamin, Walter: *Das Passagen-Werk.* 3 Teile, ungekürzte Volksausgabe, Rolf Tiedemann (ed.), Muri: Detlef Holz 1982.

Bhabha, Homi K.: *The location of culture.* London/New York: Routledge 1994.

Bhatti, Anil et al: *Ähnlichkeit. Ein kulturtheoretisches Paradigma.* In: Internationales Archiv für Sozialgeschichte der deutschen Literatur 36/ 1, 2011, S. 233–247.

Blessin, Stefan: *Goethes West-östlicher Divan und die Entstehung der Weltliteratur.* In: Westöstlicher und Nordsüdlicher Divan. Goethe in interkultureller Perspektive. Hrsg. v. Gutjahr, Ortrud. Paderborn: Schöningh 2000, S. 59–72.

Bobzin, Hartmut: *Der Koran: Eine Einführung.* 4. Aufl. München: Beck 2001.

Böhm, Uwe: *Soziales Lernen in der multikulturellen Schule.* In: Lehren & Lernen. Zeitschrift für Schule und Innovation aus Baden-Württemberg. Heft 7. Villingen-Schwenningen: Neckar-Verlag, 2010. S. 4–7.

Camus, Albert: *Œuvres Complètes* (L'Etranger, Le mythe de Sisyphe, Caligula, Le Malentendu). Paris : Ed. du club de l'Honnête Homme 1983.

Corsi, Giancarlo: *Werte.* In: *Glossar zu Niklas Luhmanns Theorie sozialer Systeme.* Hrsg. von Baraldi, Claudio et al. Frankfurt a. M.: Suhrkamp 1997, S. 207–209.

Deines, Stefan [u.a.] (Hrsg.): *Formen kulturellen Wandels.* Bielefeld: Transcript 2012.

Diehm, Isabell / Radtke, Frank-Olaf: *Erziehung und Migration. Eine Einführung.* Stuttgart [u. a.]: Kohlhammer 1999.

Eagleton, Terry; *Was ist Kultur? Eine Einführung.* Aus dem Englischen von Holger Fliessbach. München: Beck 2001.

Foucault, Michel: *Die Ordnung der Dinge. Eine Archäologie der Humanwissenschaften.* Frankfurt a. M. 1974.

Freud, Sigmund: *Das Unbehagen in der Kultur.* Frankfurt a. M.: Fischer 1938.

Geertz, Clifford: *Dichte Beschreibung. Beiträge zum Verstehen kultureller Systeme.* Frankfurt a. M.: Suhrkamp 1983.

Geertz, Clifford: *Religiöse Entwicklungen im Islam. Beobachtet in Marokko und Indonesien.* Frankfurt a. M.: Suhrkamp, 1988.

Giesecke, Hermann: *Wie lernt man Werte? Grundlagen der Sozialerziehung.* Weinheim/ München: Juventa 2005.

Glissant, Edouard: *Traité du Tout-Monde. Poétique VI.* Paris : Gallimard 1997.

Goethe, Johann Wolfgang: *West-östlicher Divan. Gesamtausgabe.* Besorgt von Hans- J. Weitz. Frankfurt a. M.: Insel 1972.

Günther, Ursula: *Historische Entwicklung des Islam in Westafrika – Ein Abriss.* In: Politischer Islam in Westafrika. Eine Bestandaufnahme. Hrsg. von Bröning, Michael / Weiss, Holger. Berlin: LIT- Verlag 2006, S. 18–46.

Hallet, Wofgang/ Nünning, Ansgar (Hrsg.): *Neue Ansätze und Konzepte der Literatur – und Kulturdidaktik.* Trier: Wissenschaftlicher Verlag 2007.

Hecken, Thomas: *Theorien der Populärkultur. Dreißig Positionen von Schiller bis zu den Cultural Studies.* Bielefeld: Transcript 2007.

Hegel, Georg Wilhelm Friedrich: *Werke in zwanzig Bänden. Bd. 12. Vorlesungen über die Philosophie der Geschichte.* Frankfurt a. M.: Suhrkamp 1970.

Hess-Lüttich, Ernest: *Karrikaturen-krise. Eine Mediendebatte über Islam-Satire.* In: Zwischen Provokation und Usurpation. Interkulturalität als (un)vollendetes Projekt der Literatur- und Sprachwissenschaften. Hrsg. von Heimböckel, Dieter [u. a.], München: Fink 2010, S. 163–189.

Jongbloed, Marjorie (Hrsg.): *Entangled. Annäherungen an zeitgenössische Künstler aus Afrika.* Köln: Moeker Merkur 2006.

Kara, Yadé: *Selam Berlin.* Zürich: Diogenes 2003.

Keita, Hanane Traoré: *Et si on relisait le coran.* Paris : L'Harmattan 2013.

Kiesel, Doron/Volz, Fritz Rüdiger: *„Anerkennung und Intervention“. Moral und Ethik als komplementäre Dimensionen interkultureller Kompetenz.* In: Interkulturelle Kompetenz und pädagogische Professionalität. Hrsg. von Georg Auernheimer. 3. Aufl. Wiesbaden: Verlag für Sozialwissenschaften 2010, S. 67–80.

Kimmich, Dorothee: *Kleine Reflexion auf Theodor W. Adornos Diktum, dass „das Einschneidende nur auf Deutsch gesagt werden kann"* In: Globale Kulturen – Kulturen der Globalisierung. Hrsg. v. Gössling-Arnold, Christina [u. a.], Baden-Baden: Nomos 2013, S. 61–72.

Klein, Gabriele / Friedrich, Malte: *Is this real? Die Kultur des Hip-Hop.* Frankfurt a. M.: Suhrkamp 2003.

Koller, Hans-Christoph / Rieger-Ladich, Markus: *Einleitung* zu: Ders. (Hg.), Grenzgänge. Pädagogische Lektüren zeitgenössischer Romane. Bielefeld: Transcript 2005, S. 7–17.

Küster, Bärbel: *Matisse und Picasso als Kulturreisende. Primitivismus und Anthropologie um 1900.* Berlin: Akademie 2003.

Kultusministerkonferenz (KMK): *Empfehlung „Interkulturelle Bildung und Erziehung in der Schule."* Beschluss der KMK vom 25. Oktober 1996. Bonn.

Koller, Hans-Christoph: *Grundbegriffe, Theorien und Methode der Erziehungswissenschaft.* 3. Aufl. Stuttgart: Kohlhammer 2008.

Kreutzer, Leo: *Goethe in Afrika.* Hannover: Wehrhahn 2009.

Kristeva, Julia: *Fremde sind wir uns selbst.* Frankfurt a. M.: Suhrkamp 1991.

Lichtenberger, Henri: *Goethe. Divan occidental-oriental.* Paris: Aubier [Editions Montaigne] 1940.

Liegle, Ludwig: *Interkulturelles Lernen in der Weltgesellschaft.* In: Europa und seine Fremden. Die Gestaltung kultureller Vielfalt als Herausforderung. Hrsg. von Johler, Reinhard [u. a.] Bielefeld: Transcript 2007. S. 59–70.

Linke, Angelika / Tanner, Jakob (Hrsg.): *Attraktion und Abwehr. Die Amerikanisierung der Alltagskultur in Europa.* Köln: Böhlau 2006.

Löffler, Sigrid: *Die neue Weltliteratur und ihre großen Erzähler.* München: Beck 2014.

Ludwig, Walther: *Zukunftsvoraussagen in der Antike, der frühen Neuzeit und heute.* In: Zukunftsvoraussagen in der Renaissance. Hrsg. von Bergdolt, Klaus/ Ludwig, Walther. Wiesbaden: Harrassowitz 2005, S. 9–64.

Luhmann, Niklas: *Soziale Systeme. Grundriss einer allgemeinen Theorie.* Frankfurt a. M.: Suhrkamp 1984.

Lüsebrink. Hans-Jürgen, *Interkulturelle Kommunikation.* Stuttgart / Weimar: Metzler 2005.

Lützeler, Paul (Hrsg.): Räume der literarischen Postmoderne. Gender, Performativität, Globalisierung. Tübingen: Stauffenburg 2000.

Maalouf, Amin: *Mörderische Identitäten* (orig. *Les identités meurtrières*), Frankfurt a. M. : Suhrkamp 2000.

Maase, Kaspar: *I like to be in America – Zur ‚Amerikanisierung' deutscher Alltagskultur nach 1945* In: Amerikanisierung – Globalisierung. *Transnationale Prozesse im europäischen Alltag.* Hrsg. von Bechdolf, Ute [u. a.], Trier: wissenschaftlicher Verlag Trier 2007, S. 31–48.

Maraszto, Caroline: *Sozialpolitische Wende? Zur Entwicklung des Rap in Senegal. Stichproben.* Wiener Zeitschrift für kritische Afrikastudien. Jg. 2, 2002.

Mommsen, Katharina: *Goethe und der Islam.* Frankfurt a. M.: Insel 2001.

Montaigne, Michel Eyquem de: *Essais.* Auswahl und Übersetzung von Herbert Lüthy. Zürich: Manesse 1953.

Monteil, Vincent: *L'Islam noir : une religion à la conquête de l'Afrique.* Paris, 1980.

Mundimbe, V. Y: *The idea of Africa.* Bloomington: Indiana University Press 1994.

Musall, Frederike: *Bücher der Erkenntnis. Einige Überlegungen zum Einfluss Al-Gazālīs auf Maimonides.* In: Transkulturelle Verflechtung im mittelalterlichen Jahrtausend. Europa, Ostasien, Afrika. Hrsg. von Borgolte, Michael/ Tischler, Matthias M., Darmstadt: Wissenschaftliche Buchgesellschaft 2012, S. 241–256.

Neuwirth, Angelika: *Der Koran als Text der Spätantike. Ein europäischer Zugang.* Berlin: Verlag der Weltreligionen 2010.

Ören, Aras: *Privatexil, Ein Programm? Drei Vorlesungen aus dem Türkischen von Dr. Cem Dalaman.* Tübinger Poetik-Dozentur. Tübingen: Konkursbuch 1999.

Osten, Manfred: *„Alles veloziferisch" oder Goethes Entdeckung der Langsamkeit. Zur Modernität eines Klassikers im 21. Jahrhunderts.* Frankfurt a. M.: Insel 2003.

Oz, Amos: *Wie man Fanatiker kuriert.* Frankfurt a. M.: Suhrkamp 2004.

Prange, Peter [u. a.]: *Werte. Von Plato bis Pop. Alles, was und verbindet.* München: Droemer 2006.

Reuter, Julia: *Ordnungen des Anderen. Zum Problem des eigenen in der Soziologie des Fremden.* Bielefeld: Transcript 2002.

Sadikou, Nadjib: *Kunst der Verschränkung – Zur Konfluenz der Kulturen in europäischen Texten der Gegenwart*. In: Globale Kulturen – Kulturen der Globalisierung. Hrsg. von Gössling-Arnold [u. a.], Baden-Baden: Nomos 2013.

Sadikou, Nadjib: *Grenzziehung oder Grenzüberwindung. Aspekte transkulturellen Lernens in der Gegenwart*. In: Grenzen. Hrsg. von Assmann, Heinz-Dieter/ Baasner, Frank / Wertheimer, Jürgen. Baden-Baden: Nomos 2014, S. 219–231.

Saliba, Georg: *Islamic science and the making of the European renaissance*. Cambridge, Mass: MIT Press 2007.

Sansal, Boualem: *Allahs Narren. Wie der Islamismus die Welt erobert. Ein Essay zur Sache*. Deutsch von Regina Keil- Sagawe. Merlin 2013.

Schleiermacher, Friedrich: *Pädagogische Schriften*. Bd. 1. Düsseldorf / München. Küpper 1957.

Schiller, Friedrich: *Über die ästhetische Erziehung des Menschen in einer Reihe von Briefen*. Kommentar von Stefan Matuschek. Frankfurt a. M.: Suhrkamp 2009.

Schweitzer, Friedrich: *Pädagogik und Religion. Eine Einführung*. Stuttgart: Kohlhammer 2003.

Selasi, Taiye: *Diese Dinge geschehen nicht einfach so*. Aus dem Englischen von Adelheid Zöfel. Frankfurt a. M.: Fischer 2013.

Sen, Amartya: *Die Identitätsfalle. Warum es keinen Krieg der Kulturen gibt*. Aus dem Englischen von Friedrich Griese. München: Beck 2007.

Senocak, Zafer: *Atlas des tropischen Deutschlands*. Berlin: Babel 1992.

Simo, David: *Was ist Afrika? Postkoloniale Konstruktionen von Afrikabildern*. In: Das Bild von Afrika. Von kolonialer Einbildung zu transkultureller Verständigung. Hrsg. von Bouba, Aissatou / Quintern, Detlev. Berlin: Weißensee Verlag 2010, S. 75–87.

Soyinka, Wole: *The End of Borders and the Last Man: Excursions in Virtual Reality*. In: Grenzen. Hrsg. von Assmann, Heinz-Dieter/ Baasner, Frank / Wertheimer, Jürgen. Baden-Baden: Nomos 2014, S. 295–312.

Sundermeier, Theo: *Den Fremden verstehen. Eine praktische Hermeneutik*. Göttingen, 1996. S. 13.

Stackelberg, Jürgen von: *Klassische Autoren des schwarzen Erdteils*. München: Beck 1981.

Terkessidis, Mark: *Interkultur*. Berlin: Suhrkamp 2010.

Thiel, Ansgar u.a: *Europa und seine Fremden – Migration, Integration und die Gestaltung kultureller Vielfalt*. In: *Europa und seine Fremden. Die Gestaltung kultureller Vielfalt als Herausforderung.* Bielefeld: Transcript 2007, S. 13–25.

Thiersch, Hans: *Verstehen oder kolonialisieren? Verstehen als Widerstand.* In: Verstehen oder kolonialisieren. Hrsg. von Müller, Siegfried / Otto, Hans-Uwe. Bielefeld: Kleine 1984, S. 15–30.

Tibi, Bassam: *Die fundamentalistische Herausforderung. Der Islam und die Weltpolitik.* München: Beck 1992.

Todorov, Tzvetan: *Die Angst vor den Barbaren. Kulturelle Vielfalt versus Kampf der Kulturen* (orig. *La peur des barbares*) Hamburg: Hamburger Edition 2010.

Trojanow, Ilija / Hoskoté, Ranjit: *Kampfabsage. Kulturen bekämpfen sich nicht – Sie fließen zusammen.* München: Karl Blessing 2007.

Trojanow, Illija: *Der Weltensammler*, München: Deutscher Taschenbuch Verlag 2007.

Triebel, Johannes/ Rebstock, Ulrich: *Synkretismus.* In: *Das kleine Afrika-Lexikon.* Hrsg. von Mabe, Jakob. Wuppertal, Weimar: Hammer/Metzler, 2002, S. 193–194.

Turan, Hakan: *Vom Wertediskurs mit muslimischen Schülern.* In: Lehren & lernen. Zeitschrift für schule und Innovation aus Baden-Württemberg. Heft 7. Villingen-Schwenningen: Neckar-Verlag, 2010. 22–23.

Waberi, Abdourahman: *Tor der Tränen.* Aus dem Französischen übersetzt von Katja Meintel. Hamburg: Edition Nautilus 2011.

Waberi, Abdourahman A.: *In den vereinigten Staaten von Afrika.* Aus dem Französischen übersetzt und mit einem Nachwort versehen von Katja Meintel. Hamburg: Nautilus 2008.

Wa Thiong'o, Ngugi: *Moving the Center. The struggle for cultural freedoms.* London: Villiers Publications 1993.

Welsch, Wolfgang: *Transkulturalität – Lebensformen nach der Auflösung der Kulturen.* In: Information Philosophie, Heft 2, 1992, S. 5–20.

Welsch, Wolfgang.: *Transkulturalität. Zwischen Globalisierung und Partikularisierung.* In: Jahrbuch Deutsch als Fremdsprache 26. München: Iudicum 2000, S. 327–351.

Wensierski, Hans-Jürgen von / Lübcke, Claudia (Hrsg.): *Junge Muslime in Deutschland. Lebenslagen, Aufwachprozesse und Jugendkulturen.* Opladen [u.a.]: Budrich 2007.

Wertheimer, Jürgen: *Verzweifelte Optimisten – Autoren als Vorkämpfer und Skeptiker im Kampf um Menschenrechte*. In: *Globale Kulturen – Kulturen der Globalisierung*. Hrsg. von Gössling-Arnold [u. a.], Baden-Baden: Nomos 2013, S. 17–27.

Wiese, Heike: *Kiezdeutsch. Ein neuer Dialekt entsteht*. München: Beck 2012.

Winkler, Heinrich August: *Geschichte des Westens. Von den Anfängen in der Antike bis zum 20. Jahrhundert*. München: Beck 2009.

Zeitschriften /Zeitungen

Berliner Zeitung 9.12.2006.

Oda, Nadim: *Verrucht und chaotisch. Was Menschen in der arabischen Welt mit dem Begriff Demokratie verbinden*. In: *Zeitschrift Kulturaustausch*. Ausgabe III, 2008, S. 22–23.

Spiegel 1988 Nr. 2, S. 103.

Internetquellen

Von Altenbockum, Jasper: *Das Victory-Zeichen – Karriere einer Ablichtung.* http://www.faz.net/aktuell/politik/harte-bretter/zum-abschied-von-josef-ackermann-das-victory-zeichen-karriere-einer-ablichtung-1383297.html (30.05.2014)

Tillich, Paul: URL: http://www.friedenspreis-des deutschenbuchhandels.de/six cms/media.php/1290/1962_tillich.pdf (23.09.2013)

http://www.integrationsministerium-bw.de/pb/,Lde/1583880 (16.12.2013)

Oberndörfer, Dieter: http://www.fes.de/integration/pdf/vort_oberndrfer.pdf (24.11.2013)

http://www.rp-online.de/panorama/deutschland/tuerkische-gemeinde-lo bt-polizei-aid-1.3254205 (18.2.2014)

http://www.spiegel.de/panorama/justiz/kriminologische-studie-jung-musli misch-brutal-a-698948.html (24.11.2013)

http://www.tagesschau.de/ausland/interviewsteinberg102.html (11.3.2014)

http://www.tagesschau.de/ausland/interviewabdel-samad100.html (12.3.2014)

http://www.dtf-stuttgart.de/bereiche/kunst-kultur/einzelveranstaltungen/2014/west-oestlicher-divan.html (9.3.2014)

http://www.berliner-zeitung.de/literatur/literaturfestival-berlin--popstar-der-literatur--taiye-selasi,10809200,24196986.html (21.2.2014)

http://www.fischerverlage.de/sixcms/media.php/200/Essay_Bye_Bye_Barbar.pdf (21.2.2014)

Selasi, Taiye: *Afrikanische Literatur gibt es nicht.* URL: http://www.literaturfesti val.com/festival/veranstaltungen/literaturen-der-welt/2013/eroeffnungsrede-taiye-selasi-gb-i-ueber-die-vielfalt-der-afrikanischen-literaturen (21.2.2014)

Merkel, Christine: *Bollywood, Nollywood, Hollywood – Welche Filme sieht die Welt. Kulturelle Vielfalt in der Filmproduktion.* http:// www. unesco.de/3566. html (02.06.2014).

Ripken, Peter: Traditionen und Gesellschaften im Spiegel der afrikanischen Lite-ratur. URL: http/ / www. petrakellystiftung.de/Ripken_literatur.pdf. (21.2.2014)

.

www.ingramcontent.com/pod-product-compliance
Lightning Source LLC
Chambersburg PA
CBHW021150160426
42812CB00078B/347